2019年度河北省社会科学普及读物出版资助项目

为爱阅读

为爱阅读

WEIAI YUEDU

卢春艳 著

刘语畅 图

河北大学出版社·保定

出 版 人：耿金龙
责任编辑：赵　谦　王占梅
装帧设计：赵　谦　王占梅
责任校对：刘文娜
责任印制：靳云飞

图书在版编目（CIP）数据

为爱阅读 / 卢春艳著．-- 保定 ：河北大学出版社，2019.11
ISBN 978-7-5666-1546-6

Ⅰ．①为… Ⅱ．①卢… Ⅲ．①亲子教育－通俗读物 Ⅳ．① G781-49

中国版本图书馆 CIP 数据核字 (2019) 第 242373 号

出版发行：河北大学出版社
地址：河北省保定市七一东路2666号　邮编：071000
电话：0312-5073003　0312-5073029
网址：www.hbdxcbs.com
邮箱：hbdxcbs818@163.com
印　　刷：保定市正大印刷有限公司
幅面尺寸：185 mm × 240 mm
字　　数：210千字
印　　张：16.75
版　　次：2019年11月第1版
2019年11月第1次印刷
书　　号：ISBN 978-7-5666-1546-6
定　　价：79.00 元

前 言

孩子，谢谢你带我找到初心

畅畅：

我的宝贝儿，你好！马上要过六一儿童节了，幼儿园热热闹闹地组织了各种活动，看着你们兴高采烈的样子，忽然发现我那个捧在手心里的小小人儿都快长成亭亭玉立的小姑娘了。每年的儿童节我都会选择送礼物给你：一个玩具、一堆好吃的抑或是一件花裙子。今年是你过的第五个儿童节，我决定给你写一封信。

宝贝儿，在你出生之前，妈妈的人生有些混乱和幽暗。工作上的不如意让我疲惫又狼狈，身体上的种种不适让我紧张又焦虑。很多时候我都会陷入迷茫而不知所措，生活的细枝末节让我心灰意冷。没想到，上帝派你来拯救我了。

你不知道你对我的生活改变有多大，在你小的时候，我的世界里满是你的吃喝拉撒，你发烧、你拉肚子，你半夜里哭，每一次我都紧张得要命。大一点了，你会咿咿呀呀地说话了，你会摇摇晃晃地走路了，你每一次的变化都带给我无限的惊喜。但是在内心深处，我仍觉得我对你的疼爱还仅仅是停留在母鸡爱小鸡的程度。

直到有一天，我们一起参加了一个亲子阅读活动，是读书彻底改变了我们的生活。我们在一起坚持阅读两年多了，想想我每天搂着你一起共读的这1000多个日子，想想我们一起看过的那近千册的绘本，想想我们躺在床上谈论某一本书的惬意时光，生活真是幸福而美好。妈妈在读书的过程中萌发了一个强烈的愿望，我要把每一本你喜欢的书记录下来，要把你生活中的点点滴滴记录下来，这也就成就了我现在20多万字的阅读笔记。我一直有一个坚定的信念，我要把这个笔记写成一本书送给你，因为这是一份爱的礼物，它记录着我们与书相伴的美好时光，记录着我们花费心力走过的人生。感谢时光，感谢书籍，感谢有你。

宝贝儿，妈妈在性格上是有缺陷的，偏激而又执拗，悲观而又敏感，这体现在生活的方方面面，这一点你爸爸的体会更深一些！在你出生之前，这些缺点我高傲地不想有任何改变，没想到上帝派你这个天使来治愈了我。每个孩子都是家长的一面镜子，我不能容忍我的这些缺点在你的身上“发扬光大”，我必须做出改变。我之所以坚定地要这样做也是想告诉你，尽管我们每个人都逃不开遗传基因的影响，尽管我们每个人都会带有原生家庭的烙印，但是自省是一辈子的事，任何时候开始都不晚。人生就是一场修行，修心、修身、修性、时刻觉醒自己、修正自己是我们的必修课。

读书和自省让我找到了自己的初心，我要成为更好的自己。宝贝儿，谢谢你让我找到了挣脱人生虚无、追求内心平静的方式，谢谢你让我在熙熙攘攘的人群中安享尘世的安宁和幸福。

妈妈　卢春艳

2017年5月28日深夜

目 录

第一章　来自书籍的爱意和温暖

第二章　成长路上的磕磕绊绊

第三章　滋润心灵的力量

第四章　自然的神奇和艺术的魅力

第五章　科学启蒙之路

第一章
来自书籍的爱意和温暖

每一本书都是一粒种子

它生根、发芽、长大

传播这个世界的爱意和温暖

这里有父母的呵护和叮咛

这里有光彩照人的爱心传递

这里有动人的爱与自由

这里有让人感动的生命故事

1

爱的摇篮曲

——《如果你是我的宝宝》

一本书那么多的“如果”，那么多的假设。一本书那么的温情，那么的温馨。爱的摇篮曲——《如果你是我的宝宝》，文：［美］弗兰·霍奇金斯，图：［美］劳拉·J. 布莱恩特，译：娟子，北京联合出版公司 2013 年出版。

“如果你是我的松鼠宝宝，我会专门为你搭一个隐蔽的小窝，迎接你来到这个世界。如果你是我的海獭宝宝，我会给你一片大海去玩耍，让你在海浪里翻滚。如果你是我的小熊宝宝，我会带你走出冬天的严寒黑暗，进入春天的温暖阳光。……”每一个“如果”后面，跟随的都是一种动物宝宝，负鼠、小鹿、小鸭、野牛、小狼、狐狸、河狸，等等，我和小朋友一起见识了形形色色的小动物，甚至连爱放臭屁的臭鼬都有呢！

不仅如此，在每一个“如果”背后都是一份浓浓的爱意。“我会驮着你，带你找到自己在世界上的路”“我会游在你的前面，带领你去见识池塘、湖泊的美妙”“我会领你慢慢爬上悬崖峭壁，在蓝天与大地之间傲然站立”……优美的语言、唯美的画面，每一次翻开这本书都会被那份深深的亲子之爱感动、感怀。教会本领、见识世界、呵护成长，应该是每一位为人父母者的责任、义务和担当吧！

“不过，你才是我的宝宝。我会帮助你爬上你自己的高山，飞翔在你自己的天空，和你一起惊奇于大自然的神奇。”书的最后得到了升华，尽管我们都爱自己的宝宝，但是每个孩子都应该有自己的高山，自己的天空，我们在关爱的同时更要学会尊重和认同。这不禁让人想起了纪伯伦的名作《孩子》中的话：“你可以给予他们的是你的爱，却不是你的想法……你可以庇护的是他们的身体，而不是他们的灵魂。”

这首温情脉脉的摇篮曲让人感动，让人柔软，让人有写诗的冲动，那就写一首献给我亲爱的宝贝儿吧。

因为有你

因为有你
我愿意做那只怀揣秘密的大棕熊
在晴朗的日子里把你高高举起

因为有你
我愿意做那只草丛里的大海龟
在你熟睡时轻轻地吻你

因为有你
我愿意做那只深蓝色的鸟
在你不会飞的日子里不厌其烦地教你

因为有你
我愿意做那个遮月亮的人
让你感受时间的流逝和世间的美好

袋鼠妈妈温馨的家

因为有你

我愿意取出瓶子里的心

温暖这个世界也温暖我自己

因为有你

我愿意……

亲爱的宝贝儿

一切的一切都是

因为有你

2

爱干净的妈妈惹不起

——《洗个不停的妈妈》

嘿！小孩儿，你是不是也有个喜欢洗东西的妈妈？你妈妈是不是也会毫不犹豫地把脏兮兮的你拎进澡盆里？今天这个妈妈可是不一般，她不仅超级爱干净，还天不怕地不怕呦！爱干净的妈妈真是惹不起呀——《洗个不停的妈妈》，文/图：［日］佐藤和贵子，译：李幸纹，河北教育出版社 2013 年出版。

拿到书，审视封皮，看到一位妈妈围着围裙蹲在地上，正在用搓衣板洗衣服，汗珠飞溅，哦——这个妈妈好辛苦呀！难道是本歌颂妈妈辛劳的书吗？打开书后才发现，这是个超级快乐的故事。

有一个很喜欢、很喜欢、很喜欢洗东西的妈妈，只要天气好，家里的东西都要拿出来洗一洗。不仅衣服呀、裤子呀、床单呀要扔进水盆里洗一洗，连猫呀、狗呀、小鸡呀、小孩呀统统都不放过。轰隆隆——爱吃肚脐的雷神小子（在日本的民间传说中，雷神以小孩的肚脐为食，打雷后会到人间来找肚脐吃）来了，误打误撞地挂在了晾衣绳上，没想到妈妈把雷神小子也洗了一通，还让宝贝儿们拿画笔帮雷神小子画上了脸，变帅的雷神小子逃走了。令人想不到的是，第二天，成千上万个小雷神都来找妈妈洗了，他们都要变干净，都要变好看。

这个喜欢洗东西的妈妈可不是个柔柔弱弱的小女子，她手臂粗壮、身材健硕，你看看书名页上她提着满满两大篮子衣服，抬头挺胸、大步流星的样子，就知道这个妈妈是多么强壮。你再看看当她大喊一声，那些想逃避洗涮的东西就像被施了魔法一样，一动也不敢动时，就知道这个妈妈多么厉害。当听说雷神小子来拿小孩儿的肚脐时，这个妈妈更是霸气十足，她抓起雷神小子的后脖颈往水盆里一丢，那动作简直是太帅了。而且当那么黑压压一群雷神小子要求洗澡时，妈妈更是毫不畏惧，大手一挥，神气十足地说“没问题”。

这本书色彩明快，以明亮的黄绿色为基调展开故事情节，绘画手法质朴，画面生动传神，我们看到那些猫呀、狗呀、鸡呀、鞋子呀、木屐呀等为了逃避被洗的命运都齐刷刷地跑向书页的右下角。当妈妈大喊一声后，他们又齐刷刷地停了下来，脚在前，身子往后仰，一副急刹车的样子。这样动感十足的画面带给我们非常愉悦的视觉体验。

在亲子阅读时，小朋友也找到了自己的兴奋点。在森林里那个密密麻麻的晒衣绳上我们找到了各种各样的东西，锅碗瓢盆、服装鞋袜应有尽有，甚至鸡、鸭、猫、狗都被挂在了绳子上，更有趣的是两个光溜溜的小孩儿也被夹子夹着晾在了绳子上。还有，那些从天而降的小雷神可不都是小男孩，有的可是穿着裙子，带着抹胸呦！小孩子总是能发现那些大人不易察觉的小细节。

这个生动的小故事一看就来源于真实的生活，哪个孩子没有过被妈妈拎进澡盆的经历，哪个孩子没见过妈妈忙忙碌碌地洗这洗那，哪个孩子没有一个惹不起的超人妈妈？而给那些平凡的日子来一点儿幽默的夸张，生活就会变得兴味盎然起来，那些逃跑的鞋子、木屐和雨伞，那些从天而降的小雷神,是不是让我们的日子更加地有滋有味了？这就是书籍的魅力。

每当天气阴沉，轰隆隆地打雷时，小朋友都会嘻嘻嘻地跑向我：“妈妈，雷神小子来啦！”我则会叉起腰雄赳赳气昂昂：“那正好我们把它丢在盆里洗一洗，然后给他画个脸。”哈哈哈，我和宝贝儿总是能笑作一团。

3

有本踩狗屎的书

——《爸爸带我看宇宙》

冬日的傍晚，放学接小朋友回家，我们大手拉小手走在黑黢黢的路上，抬头仰望苍穹，深蓝色的夜空里几颗星星寥寥可数。小朋友突然问了一句：“妈妈，那本踩了狗屎的书叫什么名字来着？”——啊？怎能把星星和狗屎联系在一起呢？哦！想起来了，一年前我们读过一个故事——《爸爸带我看宇宙》，文：［瑞典］乌尔夫·史塔克，图：［瑞典］爱娃·艾瑞克松，译：赵清，接力出版社 2014 年出版。

爸爸忙完了工作要带着孩子去看宇宙，路途有点远呀，经过了便利店、公园、五金店、鱼店，还跳过了一条水沟，来到了一座小山丘，孩子低头看到了蜗牛、草穗和蓟花，爸爸则让他抬头看天上的星星，大大小小的星座，成千上万的星星都在闪烁。“咦，什么东西臭臭的？”哈哈，原来是爸爸踩到了臭狗屎。爸爸有点儿沮丧，不过小孩子倒是觉得这趟出行又好看又好玩呦！

书中的老爸真是知识渊博，他知道宇宙有零下 263 度，他知道所有星星的名字，更重要的是他的热情，大冷的天，跑了那么远，就是要带孩子去看满天的星星。“在高高的天上，一切都是那么纯净、安宁”“那里的一切都秩序井然。你是不是觉得心里很安静？”“宇宙太大了，其他的一切和它比都显得太渺小了”，这个老爸真是浪漫，可是这么诗意的语言对懵懵懂懂的孩子来说是不是有点儿深奥呀！

满腔热情抵不过狗屎的臭烘烘，戏剧化的情节出现了，爸爸踩了狗屎！其实这个狗屎的出现并不偶然，前面都是有铺垫的。仔细翻看书中的图画，可是潜藏了不少狗狗呢，便利店门口拴着一只白底棕点的大狗，五金店的旁边有位女士牵着一只长毛的黑狗，越过水沟的画面背景里有一只奔跑的黄狗，而且父子俩去的小山丘，小孩子以前也去过，就是人们经常出来遛狗的那片草地。所以爸爸踩着狗屎是很正常的呦！每次读到这个情节，小朋友都会哈哈地乐个不停。

这本书会让很多父母有深深的共鸣，你热情高涨地带着小孩子去感知艺术、感受美好，结果呢，也许会因为小朋友的困倦换来一场哭闹，也许会因为一个玩具带来一场争吵。很多时候都是大人的一厢情愿，小孩子根本就不买账。

这种情况在我家更比比皆是：兴高采烈地带她去看动画电影，可是她真的只在电影院里待五分钟就要出来；激情四射地带她去看马戏，可是她真的会因为一个玩具哭闹半天；还有那昂贵的儿童剧、充满艺术气息的画展，等等。不过，每次到这个时候我都会像书中的爸爸一样安慰自己，等孩子再长大一些就好了。

“我多想带你去看一些美的东西，让你永远都记得。”每一位父母都会有这样的冲动，尽可能地带着孩子去见识世间的美好，可是生活总是会出人意料，你的温情浪漫可能会遭遇臭狗屎呦！可是不能因为生活中的节外生枝就不带着孩子去体验，陪伴本身就是意义，童年的任何经历都会留下烙印，就像这本书一样，我相信这个故事的创作灵感一定来源于作者童年的一段美好回忆。任何经历都会对生活有所助益，让我们相信这一点吧！

4

原来大海里有那么多深情的鱼爸爸

——《海马先生》

在大海里有一种小型海洋动物，它们头部弯曲成马头状，嘴巴尖尖像管子形，它们卷曲着尾巴在海藻和礁石间穿行，最最重要的是它们是由雄性孵化后代。《海马先生》，文 / 图：［美］艾瑞·卡尔，译：王林，明天出版社 2011 年出版。

海马太太要生宝宝了，她把卵生在了海马先生的育儿袋里了，海马先生带着这些卵在大海里轻轻地游来游去，他躲过了一些凶猛的鱼，也遇到了一些温柔的鱼爸爸，最后海马宝宝出生了，它们纷纷从海马先生的育儿袋里翻滚出来，游走了。

这个漂亮的海马，五彩斑斓甚是好看。我和宝贝儿最初有点搞不清哪个是先生哪个是太太。应该蓝鼻子的是先生，红鼻头的是太太吧！后来才明确，原来海马先生是有育儿袋的。

这本书中穿插了很多用 PET 片做成的透明页，上面绘制了具有遮挡效果的海洋环境，小朋友们在翻阅那些海草丛、珊瑚礁、海藻、礁石时会非常惊奇，因为它们的后面真的是藏着东西哟。这种设计为平面静态的书籍增添了很多的生机，也使阅读增加了许多乐趣。那些躲在透明页后面的鱼都是善于伪装的高手，喇叭鱼、狮子鱼、叶鱼、石头鱼，从

我爸爸

名称中我们就可窥见一斑。我告诉小朋友这些鱼都很危险，不是有毒就是有攻击性，它们会威胁海马宝宝的成长，小朋友使劲地点点头，仿佛明白了为什么海马先生要躲开这些鱼。

海马先生在大海中还遇到了很多超级奶爸：精心造窝的刺鱼先生，

嘴里含满鱼卵的罗非鱼先生，把卵粘在头上的钩鱼先生，肚子上粘满鱼卵的海龙先生以及悉心照顾宝宝的鲶鱼先生。这些鱼爸爸们精心地照顾着宝宝的生活，悉心地呵护着生命的成长，温柔又深情。

值得注意的是作者笔下的这些鱼都是有科学依据的。就像本书的译者王林先生所说："作家在创作这本书时，一定做了很多'功课'，了解了很多鱼的特性。"在这一点上作者的虔诚和严谨令人敬畏。另一方面也给了我们很大启发，可以找来图像，在阅读的同时顺便科普一下书中涉及到的各种鱼。当你和小孩子一边翻阅图片，一边延伸阅读时，会有一种共同探索的乐趣。原来喇叭鱼会垂直游泳，狮子鱼背鳍上有毒刺。叶鱼形状像枯叶却能吞下很大的鱼。石头鱼貌不惊人却毒性很强。刺鱼会筑最精致的巢，鲶鱼爱钻深水和污泥，而最有趣的是海龙和海马是亲戚呦！

这本书十分精彩，那位温柔细腻的海马先生既为我们传递了知识，又向我们表达了爱意。不读这本书，你可能不知道在海洋的世界中有那么多深情的鱼爸爸。书的最后，当一只海马宝宝想游回育儿袋时，海马先生说："哦，不行！爸爸真的很爱你，可是，现在你要自己生活了。"父爱是那么的深沉与内敛，每每读至此处，感动良久……

5

献给父母的图画书

——《像妈妈一样》《像爸爸一样》

父母是孩子的第一任老师。当我们为人子女时，不禁感怀父母在我们心中是怎样的存在呀！当我们为人父母后，不禁感叹我们在孩子心中又是什么样子呢？让我们跟随书籍一起来感受父母的爱与温暖吧！《像妈妈一样》《像爸爸一样》，文／图：［英］大卫·梅林，译：林昕，湖北美术出版社 2007 年出版。

“每天清晨，我都早早起床……就像妈妈一样。”“我打一个哈欠，伸一下懒腰，准备迎接新的一天……就像妈妈一样。”“有一天，我会长出漂亮的牙齿……我会留一个超酷的爆炸式发型……我会长出长长的爪子和神气的尾巴……就像爸爸一样。”一只小狮子用自己稚嫩的语言和独特的视角感受和发现着自己与父母的相似之处，原来父母对孩子的影响是那么深远，不仅仅是言传和身教，还有发自内心的崇拜与敬爱。“如果我受伤了，和好朋友吵架了，或者生闷气了，妈妈总能让我好起来。”“爸爸说，我应该勇敢一些，不要害怕任何东西……不论是大家伙，还是小不点儿。”这些语言配上简单的图画，让我们看到了一个孩子成长的足迹，也感受到了父母的爱是那么的贴心和温暖。

这两本书中处处散发着诙谐幽默的气息。小狮子顽皮又好动，当它和伙伴们满身是泥，脏兮兮地站在妈妈面前时，妈妈会说："拜托！你们玩点清爽的游戏好不好！"当爸爸积极地和小朋友们玩捉迷藏的游戏时，爸爸竟然用那么个小树枝遮挡自己庞大的身躯，小狮子不禁感叹，他（爸爸）真的不适合玩这个游戏。在阅读时，书中的许多画面都会逗得小朋友咯咯地笑，比如狮子妈妈做了一个小帆船，好多朋友都想参与进来时，小狮子的紧张和尴尬。比如一群小蜜蜂穷追不舍时，狮子爸爸的慌张和狼狈，还有小狮子偷偷撕下爸爸的创可贴，狮子爸爸那疼痛的表情。那些鲜活的生活场景非常地真实，它就像发生在我们身边的家庭琐事，就是孩子们眼中有趣的生活。

这两本书的开本并不大，携带起来非常方便。书中的图画是没有任何背景的白描，主旨形象非常突出，人物的动作和表情都非常灵动。文字的排版也非常有趣，它会跟随图画变换不同的排列形式，围着狮子爸爸的尾巴排成半圆形，随着故事中的笑声排成波浪形，等等。而且文字的字号大小也会随着内容而变化，当谈论"大家伙"时，字号要大好几倍，而谈论"小不点儿"时，字号又随之缩小。文字和图画的巧妙配合让故事变得更加生动有趣。

这两本书的扉页上分别写着"送给莫莉 · 梅林，谢谢妈妈""送给克里斯托夫 · 梅林，谢谢爸爸"。为自己的父母写本书，描摹他们在自己心中的样子，感谢他们的爱和陪伴，应该是作者创作的初衷。而我和孩子，一个大读者，一个小读者则从这两本书中感受到了浓浓的家庭生活气息，孩子的嬉闹与顽皮，父母的陪伴与宽容，这不就是我们触手可及的生活嘛!

一个平和、温暖的家庭是一个人幸福和快乐的源泉。现在很多人都在探讨原生家庭对个人成长的影响。作为父母，我们一定要记得，孩子是我们的一面镜子，你现在就是你子女的原生家庭，给孩子一个宽松的环境，让他们在温暖和爱意中茁壮成长，应该是每一位父母都要修行的功课。

6

爱的味道

——《云朵面包》

一朵小小的云做成了一锅香喷喷的面包，一个送早餐的故事让我们穿越生活的阴霾，感受到了来自家庭的温暖和爱意。《云朵面包》，文：[韩] 白嬉娜，摄：[韩] 金向寿，译：明书，接力出版社 2013 年出版。

阴雨的清晨，两只猫咪从树梢上带回一朵小小的云，妈妈把它做成了云朵面包。吃了云朵面包的猫咪飞了起来，他们给堵在上班路上的爸爸送早餐。吃了云朵早餐的爸爸也呼呼地飞了起来，一会儿就飞到公司，准点到达……

这个神奇的故事是现实与想象的水乳交融。在这里我们能看到普通家庭平常日子的剪影，起床、早餐、上班，匆匆忙忙的一天开始，这个每天都在上演的生活场景因为孩子们带回来的小云朵而变得不一般。把云朵放进大碗→加入热牛奶和水→再加入酵母、盐和白糖……再等 45 分钟面包就烤好了，就拿它当早餐吧！这个完整又详细的做面包流程，似乎都能让我们看到妈妈在厨房忙忙碌碌的身影。而孩子们吃了云朵面包后飞起来的场景又把我们拉入想象的世界中，呼呼地在天上飞，呼呼地飞过拥挤的街道，呼呼地飞进办公室，这些幻想是照进现实的光亮，让这个下雨、堵车的早晨变得不再难堪、不再灰暗。

这本独特的绘本，综合运用了多种艺术形式，绘画、剪纸、布艺、手工、摄影等表现手法都能在书中找到身影。猫咪的头像、厨房的水壶和佐料瓶等等都是先用笔画出来，再剪下来的；爸爸的衬衫、妈妈的围裙、孩子们的衣服以及被子、窗帘等等都是布艺的拼接，我们能清晰地看到布料的材质和纹路；桌子、椅子、柜子等环境和道具以及那些拥挤在路上的车辆都是手工作品；摄影艺术的加入突显画面的真实性，光影交错中渗透出浓浓的生活气息。有趣的是那些云朵面包是真正能吃的面包，每一次我和小朋友翻开书，都想伸出手抓一个吃。

一片小小的云朵让我们插上了飞翔的翅膀，飞过生活的无奈与疲惫。厨房中透出的柔和光影以及那些关切的问候与惦念是一份爱的光芒，它不仅温暖年幼的孩子，也照耀纷扰世界中挣扎的每一个人。那些来自家人的温暖和爱意是一个人幸福的源泉。

最近小朋友总是喜欢送礼物给我，每次回来都有惊喜——“妈妈，这是送给你的小花”“妈妈，这是给你画的画”“妈妈，送给你的小果子”。这些小小的举动总是能让我的心变得柔软。就像书中的爸爸一样，他吃着孩子们亲自送过来的面包一定幸福无比，因为那美味的早餐充满着爱的味道。

突然想也许某一天那个稚嫩的小孩会给我带回来一片云彩呢，那我们岂不是也可以吃云彩面包了。如果她执意要把太阳带回家呢，我们就烙个太阳饼，要是连月亮也带回来，就做个月亮船，连星星也来了呢，就做个星星灯吧……

7

穿越时光的表演

——《歌舞爷爷》

一段光辉灿烂的旧时光，一位苍颜白发的老爷爷，一曲欢乐清脆的踢踏舞，一场穿越时空的歌舞剧。《歌舞爷爷》，文：[美]卡伦·阿克曼，图：[美]斯蒂芬·甘默尔，译：柯倩华，河北教育出版社2010年出版。

爷爷年轻时是一位歌舞艺人，曾经在综艺秀剧场的舞台上演出。当孩子们去看他的时候，他穿上尘封已久的演出服装，表演了一场光影交错的歌舞剧。精彩绝伦的表演不仅让爷爷重温了过去的美好时光，也带给孩子们无尽的欢乐。

书中的爷爷黄衬衣、背带裤、圆眼镜，头发有些凌乱，身材微微发胖，笑眯眯的样子简直就是一个可爱的老顽童。小朋友尤其注意到了爷爷的红鼻头，那实在是太逗趣了。当爷爷带领孩子们爬上阁楼时，我们发现那里满满都是精彩的回忆，褪色的海报、年轻时的剧照、充满杉木片气息的演出道具。这场演出着实让我们期待呀。

灯光、道具、音乐各就各位，爷爷终于上场了，快慢相间的踢踏舞步，浑厚有力的歌声，出其不意的魔术表演，让孩子们太兴奋了，以至于出现了一个小小的插曲：孩子们被爷爷的表演逗得哈哈大笑，因为笑得太厉害了，开始打嗝，这时爷爷停止了表演，给孩子们拿水，等孩子

吹糖人

们好了之后才继续表演，这个细节的安排，感人至深。家中的小朋友最喜欢歌舞爷爷最后一幕的压轴好戏，那个漂亮的金顶手杖总禁不住想要摸一摸，那单腿跪地、双臂张开、低头谢幕的场景还亲自模拟了一遍。

《歌舞爷爷》是美国凯迪克金奖绘本，当你粗略浏览时，会觉得这本书并没有什么特别之处。可是当你深究细读会发现，它确实是惊人之作。书中的故事，文字简洁生动，光踢踏舞步的声音就用了很多细腻的比喻，“仿佛雨点打在铁皮屋顶上”“两只脚踢踏出银铃般的声音”“像啄木鸟在树上打拍子”。书中图画的艺术性更是可圈可点，整本书从头到尾我们都能感觉到光影的存在，尤其是爷爷歌舞表演时，我们能真切地感受到那种光怪陆离的舞台效果，绘者用彩铅恣意挥洒，红黄蓝绿色彩的交织带给了我们很强的视觉冲击，一本静态的书传递出了动态的效果，确实让人惊叹。

更重要的是书中传递出一种情怀，对已经逝去的青春的深深眷恋，对过去那个美好年代的深情追忆。当我们面对渐渐老去的父母和慢慢长大的孩子时，这种感触体味会更深一些。再辉煌的演出也终将落幕，再美好的时光也终将逝去，孩子们的欢笑与拥抱会让我们更坦然一些。就像歌舞爷爷所说，那段美好时光里的一百万天，都比不上跟孩子们在一起的每一天。

8

慰藉心灵的绘本

——《象老爹》

一本薄薄的书，拿起又放下，放下又拿起，让人欲罢不能。一个温暖的故事，让人感怀生命，让人直面死亡，让人潸然泪下。慰藉心灵的绘本《象老爹》，文：［比］罗伦斯 · 布赫基农，图：［比］瓦乐薇 · 朵儿，译：漪然，湖南少年儿童出版社 2009 年出版。

老鼠妹妹和象老爹住在同一棵大树底下，他们亲密无间，相依相伴。象老爹老了，要去大象天堂了，可是通向天堂的那座桥坏了，只有老鼠妹妹能修好。老鼠妹妹问："如果，我把绳子接上，你就可以过桥了。可是你还会回来吗？"象老爹摇摇头："不会，走过了这座桥的大象，就不会再回来了。"老鼠妹妹叫起来："可我不想要你走，我要你留下来陪我，永远永远地陪着我！"……

相依相伴的日子里总会有很多温暖的瞬间：象老爹经常找不到自己的老花镜，老鼠妹妹就在老花镜上拴上一根细绳子，挂在象老爹的脖子上。象老爹力气很大，他总会在老鼠妹妹遇到危险时帮她一把，还会带着老鼠妹妹去一些好玩的地方，高山啊，大湖啊，四处游玩。书中安排的这些细节平淡中渗透着真实，而唯有真实才能真正地打动人心。

人总归要一点点地走向成熟。日子一天天过去，老鼠妹妹渐渐长大了，她不再像以前那样害怕独自一个人生活了。象老爹也越来越老了，老的听不见声音，吃不进东西，很老很老。老鼠妹妹虽然很难过，可她知道，在另外一个世界，她的好朋友会更快乐，她开始全心全意修那座破桥，修得结结实实，好让象老爹安心地走过去。就这样象老爹坚定地走上了那座窄窄的小桥，他回头望了望老鼠妹妹，轻轻地说着：“一切都会好起来的。”

本书在叙述上抛弃了华丽的辞藻和波澜壮阔的情节，淡淡的语言中充满着一种朴素的味道，这就像一位洗尽铅华的老人，已经不再需要刻意的打扮和哗众取宠的外表了。但是那些平实的语言中依然透露着智慧之光。“象老爹喜欢看着老鼠妹妹玩，就像看着一道无忧无虑的阳光”，这样的表述有一种打动人心的力量。

宝贝儿还太小，读不懂生命的衰老和消逝，她在期待着去看一看书中提到的大峡谷，甚至用管道积木搭了一座桥问我像不像，她知道象老爹要去的地方是大象天堂，可是她理解的天堂只是一个地方而已，就像一座郁郁葱葱的山包、一个热热闹闹的广场。

这本书在家里放置很久了，读过几遍，可是每次我都执拗地拒绝记录它，因为这样一本谈论生命的书，太容易让人感怀，太容易让人泪湿衣襟，那种无法排解的忧伤和感动会弥漫了你。今天孩子又翻出这本书让我给她读，读完以后依然沉默良久。放下它，想再一次地拒绝记录。可是午睡醒来的宝贝儿解救了我，她嚷嚷着要尿泡泡，溜溜达达地找东西吃，忙忙碌碌地摆弄玩具，生活的琐碎与现实的纷扰把我从深沉的忧伤中拽了出来。每个生命都会有灿烂如花的绚丽开始，也会有叶落归根的黯然谢幕，那么就平静地面对它，坦然地接受它吧！

9

在一片绿意中追忆人生

——《格林爷爷的花园》

一位精通园艺的耄耋老人，一个顽皮可爱的小小孩童，一座绿意浓浓的记忆花园，一段平凡又传奇的人生历程。《格林爷爷的花园》，著：［美］莱恩·史密斯，译：陈科慧，二十一世纪出版社 2012 年出版。

“格林爷爷出生在很早很早以前了，比电脑、手机和电视还要早。他在农场长大，那里有猪啊、玉米啊、胡萝卜啊……”一个男孩儿向我们诉说了格林爷爷的一生：小学四年级时长水痘，初中时偷吻女生，高中后学园艺，后来参加战争、结婚生子，现在已经垂垂老矣，经常会忘记事情。每一页都是那么简简单单的一两句文字，有一种悠悠淡淡的味道。一个人漫长的一生就这样融进了语言的轻描淡写之中。

不过当你仔细品味时，会发现在这些平淡的描述中潜藏着俏皮的小情趣。在谈及长水痘时，不忘来个星号加个注释“可不是玩水惹的祸”。在谈到格林爷爷幸福的婚姻生活时，也不忘来个小调侃：“他们一起幸福地生活了很多年，从没吵过架。至少他是这样讲的。”一个鲜活的生命，诞生、成长、历练、老去，平凡而又真实。

书中的图画到处都体现着巧思妙想。翻开书第一页就是一个哇哇大哭的小孩儿的园艺雕塑，当你正在惊诧怎么还有向上喷射的淡蓝色眼泪

红掌花

时，第二页告诉了我们答案，原来那是正在喷水的水龙头。带着新奇，带着憧憬，我们一起走进了格林爷爷的记忆花园。这个花园里到处都是精心修剪的园艺雕塑，大大的胡萝卜、雄赳赳的大公鸡、美丽的女孩、降落的飞机和伞兵、粗壮的大象，等等。小朋友热衷于寻找书中造型奇异的园艺作品，她甚至发现在树枝上竟然有一头飞翔的猪。正是这些郁郁葱葱的园艺雕塑揭示了格林爷爷的一生，就像书中那个长长的大开页所展示的，格林爷爷一生中最重要的东西，他的花园全都为他记了下来。

书中的男孩是格林爷爷的曾孙，他一边在爷爷的花园里恣意徜徉、玩耍嬉戏，一边捡拾着爷爷落下的东西，铲子、喷壶、眼镜、草帽等，爷爷真是年纪大了，有些丢三落四。书的最后，这一老一小在花园的某个角落里汇合了，格林爷爷修剪出了一个顽皮可爱的小男孩，而男孩呢，拿起剪刀修剪出了一个笑容可掬的爷爷。那份血脉亲情在你合上书的那一刻绵延不断……

这本书适合和孩子一起寻找和发现，这本书适合轻声细语慢慢读，这本书适合你沉静下来细细品味。一本书囊括了一个人一生的记忆，而我们又将会经历怎么样的一生呢？夜深人静，望着熟睡的小儿，幽思弥漫。多年以后那个小小人儿是否能够体会那个深夜为她写书的人的深情厚意呢！

10

一封特别的信

——《会飞的抱抱》

一封特别的邮件，从草原镇栗树街出发，几经转折，到达了平沙镇花园街的猪奶奶家。一个大大的拥抱，经过很多人的传递，给远方的亲人带去了爱意，也温暖了接力棒上的每一个人。《会飞的抱抱》，文：[美]珊卓·和宁，图：[俄]法拉力·哥巴契夫，译：黄迺毓，明天出版社 2008 年出版。

奶奶的生日快到了，小猪阿文想寄一个大大的拥抱给她，这个不同寻常的邮件开始了寄送之旅，阿文抱了抱邮局的工作人员倪先生，倪先生抱了抱负责信件分类的波波小姐，波波小姐抱了抱司机小李，还有邮递员小詹、机长蒋森以及小曼、阿德、葛琳宝女士、莉莉，等等，就这样一路传递一路抱抱，最后顺利到达了猪奶奶家……

“邮寄拥抱”，这真是个别出心裁的想法，更为奇特的是阿文的这个举动得到了那么多人的响应。猪妈妈没有任何的质疑，直接带着阿文去了邮局。倪先生说我们通常不替人家寄抱抱，不过可以试试看。尽管这种信件不常有，但是每一个传递的人都认真地去完成，他们都像阿文一样，张开手臂，张得好大好大，来了一个很大的拥抱。猪奶奶收到这个礼物后笑着说：“这真是我收到过的最棒的信了。”

传递拥抱的过程也改变了很多人，我们看到波波小姐笑眯眯地给信件分类，小李吹着口哨到城里，小詹扮着鬼脸说笑，闷闷不乐的小曼开心地笑了，阿德手舞足蹈地跳上邮车，莉莉一边送信一边闻着花香。这些细节的描述，都能让我们感受到这个特别的拥抱带给人们的快乐和幸福。

本书的插图非常独特，它是钢笔淡彩画，即在钢笔线条的底稿上，施以水彩，是钢笔和水彩的巧妙结合，那些钢笔绘出的线条轮廓分明、轻快不羁，而水粉晕染的加入又使画面非常的温润柔和。插画家是绘画动物的高手，他给那些大大小小、胖胖瘦瘦的动物们穿上制服、扎上领带，配上眼镜、戴上帽子，俨然人类世界的邮递员，而他们互相拥抱时那略显羞涩又充满惊喜的表情灵动又真切。

书的前后环衬上画着很多邮票，图案生动有趣：小鸟拉提琴、小猪吹小号、兔子画画，鳄鱼玩球等，都是一些非常可爱的小动物。我们可以借着这些邮票，在和孩子一起观察的同时，顺势普及一下关于邮票的知识，在电子邮件大行其道的今天，邮票离我们越来越远，因一本书了解一个事物也是很有意义的一件事。我和小朋友还一起玩了送信的游戏：折一个信封，写一张纸条，画一张邮票，然后郑重其事地把它寄出去。

在本书的结尾，作者给了我们一个大大的留白。当猪奶奶收到那个大大的拥抱后，她嘟起嘴唇，在邮递员脸上亲了一个又大又香的吻，她要把这个吻送给远方的阿文。不用说，这个吻肯定会和那个拥抱一样，一个接一个地传下去，而我们在亲子阅读时，可以自由演绎中间的故事情节，不过故事已经有了可以预见的结尾，阿文的脸上一定会印着一个结结实实的香吻。

有人说肢体语言比那些善于“伪装”的有声语言更真实更可信，而拥抱和亲吻总是能带给人们最温情最动人的力量。这封特别的信让我们感受到了这个世界的善意和温暖。来吧，朋友们！放下手头的事情，亲亲身边的爱人和孩子，抱抱久违的父母吧，你会觉得幸福！

11

温情脉脉的故事

——《让路给小鸭子》

一群鸭子排列整齐摇摇摆摆要过马路，一位警察兴师动众拦下所有车辆成功护送，温情脉脉的故事——《让路给小鸭子》，文／图：［美］罗伯特·麦克洛斯基，译：柯倩华，河北教育出版社 2009 年出版。

两只野鸭马拉先生和马拉太太一直在找住的地方，她们看中了波士顿公园池塘中心的小岛，那里没有狐狸没有乌龟还有人喂花生米，真是个好地方。可是飞驰而过的自行车吓得它们嘎嘎大叫，为了鸭宝宝的安全，他们选择了查尔斯河上的一个小岛来孵蛋，那里既清净又离公园不远。八只可爱的小鸭子孵出来了，马拉太太教它们游泳、潜水，教它们躲避有轮子的东西。终于鸭子宝宝的表现让马拉太太完全满意了，他们决定去波士顿公园找马拉先生。可是马路上汽车飞驰，喇叭声不绝于耳，马拉太太和小鸭子们不停地“嘎嘎嘎”叫，情况十分危险。幸好遇到了热心肠的警察麦克，他帮助了小鸭子们过马路……

这本书的故事非常舒缓，事件的前前后后、因果关系描述得都很详细。我们在阅读时很容易进入马拉先生马拉太太的世界，小孩子更是容易被故事中的角色牵引，家中的小朋友仔细地分辨哪只鸭子是先生哪个是太太，而且那八只鸭宝宝我们每次都会像蹦豆子一样念出他们的名字:

杰克、凯克、莱克、米克、尼克、伟克、皮克、卡克。这本书涉及很多地名，波士顿公园、州正厅、路易斯堡广场、查尔斯河，等等，这些真真切切的地名很容易让人陷入故事的真实性之中。

这本书开本非常大，635mm×965mm，翻开来都是大开页的巨幅画面，描绘的场景中很多都是鸟瞰式的大场面，让人有身临其境的开阔之感。书中的绘画写实又生动，那个飞驰而过的骑自行车男孩，那个大腹便便的警察，还有那群活灵活现的鸭子，每一幅定格的画面中都弥漫着动感的气息。而且画面的布局、细节的处理、远近的安排都非常的精细，这样的书不仅仅是给小孩子来看的，那些学习绘画的专业人士以及绘画爱好者完全可以当作范本，进行仔细地研究和临摹。

这个故事真是让人感动，为了一群过马路的小鸭子，警察先生不仅叫停所有的车辆，甚至调来一辆警车亲自护送，我们感受到了这个世界是如此的温暖。而故事背后的故事同样感人，那个叫罗伯特·麦克洛斯基的人，创作这个故事时还是个年轻人，为了把那些鸭子画得有声有色、生动传神，他不仅在博物馆里研究了两年野鸭，甚至还真的在自己的公寓里养起了鸭子，这种虔诚和认真的态度让人敬畏。

现在美国的波士顿公园里有马拉夫人和小鸭子的铜塑，每年都吸引很多孩子和他们拍照留念，湖中的天鹅船和原来一样，依然还在运行。宝贝儿，妈妈希望将来有一天你可以亲自去这些地方看一看，亲手摸一摸那些铜塑，亲身感受一下书籍带给这个世界的温暖与感动。

12

爱心的传递

——《凯琪的包裹》

一本色彩斑斓的书来源于生活中的真实事件，一封封你来我往的信件讲述了爱与分享的故事。传递爱心的绘本《凯琪的包裹》，文：［美］坎达丝·弗莱明，图：［美］斯泰西·德雷森·麦奎因，译：刘清彦，河北教育出版社 2008 年出版。

战争结束后，荷兰的奥斯特小镇缺衣少食，生活用品极度匮乏，人们勉强维持生计。一天，小姑娘凯琪意外地收到了美国的小女孩儿罗西寄来的包裹，两个素不相识的小朋友就这样开始了一段友谊。通过书信的往来，罗西的妈妈了解到荷兰的困境，她通过各种途径募集到了许多物资，寄给了凯琪和她的朋友们，信件不断往来，包裹不停寄来……

这个以战争为背景的故事并没有像其他关于战争的书籍一样，描绘很多萧条和衰败的景象，整本书充满着一种昂扬向上的气息，鹅黄、碧绿、赭红、天蓝等许多明快的色彩洋溢在画面的角角落落，开心的笑容、欢乐的舞蹈以及那些欢天喜地的场面带给人的是一种温暖和振奋。

整个故事最大的亮点在于结尾处，当荷兰小镇上的居民终于熬过了漫长而寒冷的冬天时，他们精心地准备了一个包裹寄给了美国的罗西——一箱郁金香球根，我们开心地看到在书的后环衬上那些美丽的郁

水仙

金香开满梅菲尔德市的房前屋后、路旁道边，整个城市都变得光鲜亮丽。

这本书带给了小朋友别样的体验，她提出了一系列的问题“什么是战争”“为什么没有白糖”“为什么会瘦得皮包骨头”。这些比较残酷的历史她还是有些理解不了，但是这些都不能阻挡她对这本书的喜爱，书中的两个女孩通过书信往来改变了许多人的生活，也让两个相隔很远的城市彼此温暖，这本身就是奇迹。凯琪每次收到包裹时，都会很大声说出那句话："大家一起分享吧！"每次念到这一部分时，我都会让孩子自己说出这句话，她很兴奋，仿佛自己就是书中的凯琪一样。这个故事也给宝贝儿普及了一些科普知识，小朋友知道了荷兰，认识了郁金香，还让我解释了一下郁金香球根是怎么一回事。

"献给妈妈，感谢她和我分享她的故事"书名页上印着这样的文字，而且书的最后一页用一段很长的文字，详细地记录了"关于包裹的真实故事"，这更让我们感受到了人和人之间那种无私的大爱。爱心、分享、感恩、回馈，这个温暖的故事带给了我们很多的正能量，就像书中所说的一样，她会让你的生活变得更有光彩。当你的一点点微薄之力能给别人带来很大的帮助时，你是快乐的；当你正在困顿之时，有人能够无私地伸出援助之手，你是幸福的。帮助他人，快乐自己，宝贝儿，等你长大一点，我们也给世界上需要帮助的小朋友写一封信吧，传递爱心，温暖你我。

13

令人动容的绘本

——《一棵知道很多故事的树》

一座郁郁葱葱的植物园，一位博学又慈爱的植物学家，一段情深义重的忘年友情，还有那人与自然如诗般的深情凝望。令人动容的绘本——《一棵知道很多故事的树》，文/图：［日］伊势英子，译：［日］猿渡静子，连环画出版社 2015 年出版。

一个名叫萨艾拉的小女孩闯入了巴黎的植物园。“孩子，那里是禁止入内的”“怎么又是你”“捉鱼可不行”，孩子一系列违反规定的行径遭到了管理员的禁止和管控。不过，一位博学的植物学家以大树般的宽容与慈爱包容了这个女孩。他教女孩认识各种各样的植物，他带女孩去自己的研究室，他甚至给了女孩一颗向日葵的种子。

日子一天天过去，萨艾拉已经成为植物园的一员了，她帮助管理员给花草树木浇水，她在树下画画，她种的向日葵已经开花。夏天即将结束，女孩回国了。园中的植物依然在岁月的洗礼中茁壮成长，女孩和植物学家的故事也融进了那棵历尽沧桑的树里。

这个故事的语言有些松散和跳跃，一个画面配上一两句文字，很多的叙述都像是一个人在喃喃自语。“植物园，一进大门，空气就不一样了”“渴望空气的树根，也钻出地面”“林荫道，我最爱的小路”，这些散漫的语言配上温润清新的水彩画带给我们一种幽幽淡淡的气息。而书中的对话极为简单，没有明确的人称界定，没有明显的引号标志，“你也喜欢铁线莲啊。”“别看——”；“为什么要做这种事呢？况且，它不是向日葵哦。”“——我是想把它当作生日礼物，送给爷爷的。”这样的对话散落在文中的角角落落，留给读者揣摩和品味的空间。

书中的水彩画非常的唯美，正是通过书中那一幅幅美丽的图画我们得以窥见巴黎植物园中那些枝繁叶茂的树木，那些各种各样的花草，整本书都带给人一种美的享受。而抛却这些风景如画的背景，书中还讲述了动人的故事，其实用水彩画人物是很难的，水和颜料的调和很容易让画面晕染，而我们从那些深深浅浅的印迹中得以窥见主人公的形态、心理以及人物之间的沟通和交流，这尤其难能可贵。

这个诗意唯美的故事让小朋友想起了春游毓秀园的经历。当时生物系的女学生带领我们一行人观赏了园中的花花草草、园林树木。我们认识了悬铃木、紫叶李、金银忍冬，欣赏了桃花、樱花、玉兰花，还有紫薇、蔷薇、黄刺梅等。宝贝儿对那棵悬铃木印象最为深刻，因为树上挂着许多绿色的小球球，就像小铃铛一样。这本书中那棵知道很多故事的树就是一棵有着 250 年历史的悬铃木。

这本书让我们对巴黎的植物园心生向往。那里有 400 岁的刺槐，那里有突然变异的榉树，那里有 3300 万年前树的化石，当然那里还有那棵知道很多故事的树。每个人的心中都有一棵树。有了孩子之后，人会变得恬淡。远离城市的喧嚣与嘈杂，带着一个幼小的生命感受自然的宁静与恩泽是一种幸福。

14

不安的灵魂何处安放

——《瓶子里的心》

一颗不安的心装进了瓶子里，隔绝了世界的伤害也隔绝了世界的精彩。打不碎的瓶子，取不出来的心，我们该如何安放那些不安的灵魂——《瓶子里的心》，著：［英］奥利弗·杰夫斯，译：杨玲玲、彭懿，接力出版社 2014 年出版。

一个小女孩脑子里装满了对这个世界的种种好奇：对星星的幻想，对海洋的惊奇，喜欢发现新事物，喜欢尽情地涂鸦。可是有一天，椅子空了（至亲至爱的人不在了）。她的心开始不安，于是她把心装在了一个瓶子里，挂在了脖子上。女孩慢慢长大，一切都不同了，她不再对世界充满好奇，也不再关注任何事情，而脖子上的瓶子也变得越来越重。直到有一天她在海边遇到了一个仍对世界充满好奇的小女孩，她才决定把心从瓶子里拿出来，可是她用尽了一切办法（用钳子夹，用锤子凿，用锯锯，从高墙上往下扔），瓶子就是打不碎。后来那个海边的小女孩帮她拿出了心。就这样，她的心又回到了原来的地方……

打开书，首先映入眼帘的是扉页上的一系列图画，那是一些生活的片段，一个小女孩和一个男人一起玩耍、一起游戏、一起快乐地生活。本书的语言非常的克制和收敛，每一页都是只言片语。尤其是对那个陪伴女孩的至亲至爱的人只字未提，我们甚至都不能确定那个男人是爷爷还是父亲。

书中那把红色的椅子是一个象征，是一个隐喻。它是爱，是陪伴，是安全感，是支撑女孩的温暖世界，而当椅子上空空如也，没有了坐在椅子上的人，女孩面对的是整个世界的崩塌，高度的紧张和不安让女孩选择了自我封闭——把心装在瓶子里。而另一个小女孩的出现让久闭的心门重新打开，我们高兴地看到那把红色的椅子不再是空的了，那个长大的女孩自己坐在了上面。

这本书我没有对孩子过多解释，只是一遍一遍地读给她听，前半部分关于天空、关于海洋、关于大海、关于涂鸦，她都能理解。后半部分，那个怎么都打不碎的瓶子，那颗怎么都取不出来的心，小朋友并没有过多地问我，不知道她到底理解多少。其实如果她真的问我，我也会有些不知所措，那个海边的小女孩怎么把心从瓶子里取出来的，我不知道该怎么回答。

这个故事有点沉重，它不单是写给孩子的，也写给成人的。那个透明的玻璃瓶压在了我们的胸口，让人忧郁和悲伤，猜想写这本书的人一定是在人生的某个阶段经历了不安和惶恐、孤独与封闭，而这又何尝不是我们每个人曾经的人生过往呢。人生阴霾的日子里如何才能完成自我的救赎，这是一个自我剥离、自我治愈的过程。把心装在瓶子里，封闭了自己，也失去了感知世界的能力，走出心中的藩篱，像孩子一样用自己的初心去感知这个世界的美好，你会觉得幸福。

15

最动人的爱与自由

——《带着鱼儿去旅行》

一只自由自在的猫，一条养在鱼缸里的鱼，一个温暖心灵的故事，一本讲述爱与自由的书籍——《带着鱼儿去旅行》，文 / 图：［英］迈克尔·费尔曼，未来出版社 2012 年出版。

一只猫，穿梭在城市的大街小巷，自由地可以去想去的一切地方。一条鱼，每天在鱼缸里游来游去，鱼缸就是她的整个世界。鱼儿羡慕猫咪的自由，猫咪感受鱼儿的忧伤。一天，猫咪发现了一个遗失的小桶，它给水桶接满水，开始带着那条叫八宝的鱼儿四处旅行。池塘、河边、大海，每一个地方都带给八宝无限的惊喜和美好，也有很多鱼儿伙伴召唤八宝，可是当猫咪爬上礁石，将小桶伸向大海时，鱼儿却放弃了自由，“大海很大，海里也会有很多伙伴，可是……我会永远失去你，我不忍心丢下你——我最好的朋友”。就这样，两个向往自由的心灵，心中有爱，携手天涯……

这本书的画面梦幻唯美，那夜幕降临时深蓝的天空和大地，那池塘边绿茵茵的草地和洁白的睡莲，那伫立在河上的彩虹桥，那蔚蓝的大海与远方的轮船，每一幅画面都给人美的享受！那只深蓝色的猫咪身姿矫健，它叼着小水桶的样子认真又可爱。

书的封面更是意味深长，在猫咪的一只眼睛处画了一条鱼儿，那种装进脑袋中，刻在眼睛里的感觉代表着一份真切的爱恋，而那用爱心做成的红鼻头，更是一种爱的表运。这也让我想起了“我的眼里有个你”的游戏。有一次我专注地盯着小朋友的眼睛（因为她有点上火，眼皮上长了个小疙瘩），宝贝儿像发现新大陆一样，惊奇地说：“妈妈，你的眼睛里有个我。”我看着她：“你的眼睛也有个妈妈呀！”后来这成了我们经常玩的游戏，四目相对，你中有我，我中有你。爱让彼此看重，彼此疼惜！

书中的故事更是让人温暖，它让我们知道了原来“鱼儿不仅可以生活在鱼缸里、池塘里、河里、大海里……也可以生活在一只猫的水桶里！”它让我们懂得了“爱，因为彼此的珍惜更快乐”。我们幸福地看到那只猫咪和鱼儿是多么的快乐，他们一起去见识了许多神奇的动物，他们一起去欣赏精美的艺术品（两个人还打趣地把那些艺术品换成了自己的头像），他们一起去看彩虹，他们一起在辽阔的大地上，自由自在。

海底世界

16

熠熠生辉的童书

——《丛林怪客》

在丛林的边缘，不知什么东西，正在扭呀扭。动物们都很奇怪，它没有长鼻子也没有长尾巴，脖子那么短还没有划水的大脚丫，它到底是什么呢？《丛林怪客》，文：[英]罗达·阿米蒂奇，图：[英]莱茵·马洛，译：漪然，安徽少年儿童出版社 2015 年出版。

这是一个真正充满童趣的故事。一开篇就悬念迭起，小猴子在丛林的边缘发现了一个篮子，里面有一个“丛林怪客”，为了弄清这个“怪客”到底是什么，它叫来很多动物一起探个究竟。可是动物们越看越纳闷。大象说：“它没有长鼻子，怎么洗澡呢？”；猴子说：“它没有长尾巴，怎么荡秋千呢？”长颈鹿说：“它的脖子那么短，怎么吃到树上的叶子呢？”青蛙说：“这种脚丫怎么划水呢？”森林之王狮子说：“它浑身上下没有毛。这样下去会冻死的。”动物们一个一个地出场，故事一点一点地铺陈，终于动物们惊扰了这个“丛林怪客”，它“哇哇哇哇”地哭起来，这时，有人跑了过来，原来这个“丛林怪客”是个小宝贝儿！

如果说故事到这里就结束了，你会觉得这足以是一个让人欣喜的有趣故事。动物的视角、简洁的语言、紧凑的情节都会让小孩子们欢欣鼓舞，尤其是对那些牙牙学语的小小孩儿来说，这个故事从形象的设计到节奏的把握都会给人带来兴奋和愉悦。

然而著者的高明之处在于故事的结尾处陡然升华，一下子俘获了大人的心。当动物们知道了这个“丛林怪客”是个小宝贝儿时，问了一个问题“这个小宝贝儿会做什么？”孩子的妈妈说：“这个小宝贝儿会让我觉得幸福。这个小宝贝儿会让我又是唱歌又是跳舞。他还会对每一个朋友微笑……”这样的语言，这样的描述，让人感受到了浓浓的爱意。相信那些搂着小宝贝儿们一起亲子共读的父母一定会觉得著者真是个贴心的人，那份亲子之爱就这样被完美表达了出来。而那些小小人儿在内心深处一定也会觉得安宁和幸福，原来当一个小宝贝儿也能做这么多的事情。

这本书的绘画色调明亮，黄绿色的丛林中红的花、白的鸟、五彩的鹦鹉点缀其间，甚是养眼。故事中的每一个角色出场时都会有一个大大的特写，占据了一个大开页的主体部分，色彩鲜艳、主体突出，尤其是那只长颈鹿出场时，棕红色的外表非常抢眼。书中的图画非常灵动，你看看那只趴在树上打盹儿的大狮子，是多么的慵懒和放松，而当“丛林怪客”对着它哇哇大哭时，它鬃毛直立愣愣地蹲坐在画面中，甚是呆萌。

图画中还潜藏着很多的小情趣，大象洗澡时惊扰了一只白鸟，小蚂蚁排着队在树叶上行走，趴在树干上的蜥蜴歪头张望，尽管这些只是作为背景在呼应故事情节的发展，但是孩子们是读图的高手，这些藏在犄角旮旯里的小细节他们不会轻易放过，因为这会带给他们探索和发现的乐趣。

现在家里几乎形成了一个惯例，每次借来书，小朋友都会自己先翻看一遍，然后评价一番。她会很明确地告诉我，“妈妈，这本书好！”“妈妈，那本书我看不懂”“妈妈，我不喜欢那本”，尽管这样的评判有一定的个人喜好和年龄认知因素在里面，但是几乎每一本她喜欢的书当你深入地探究起来时都会发现精妙之处。这本《丛林怪客》就是经过小朋友慧眼识珠后脱颖而出的。这本书不仅带给了她快乐，而且还有美的享受。每次读到大狮子煞有介事地把那个“丛林怪客”叫作“哇哇哇哇”时，小朋友总是呵呵地笑起来，而且她翻看书时会感叹“这本书真漂亮”。孩子的心是客观的，好书总是会熠熠生辉。

17

费迪南的故事

——《爱花的牛》

一个小孩子喜欢一本书会有各种各样的理由：一片斑斓的叶子，一个好听的名字，一只宠溺的动物，一个好玩的故事，还有那些零零散散的细枝末节，而今天的理由则是因为一个漂亮的封面。红红的底色，散落的白花儿，黑色线条勾勒出的小牛陶醉地闻着一朵小花，这本书叫《爱花的牛》，文：曼罗·里夫，图：罗伯特·劳森，译：孙敏，二十一世纪出版社 2008 年出版。

在西班牙，有一头名叫费迪南的小公牛，它不像其他公牛一样爱跑，爱跳，爱抵角，它喜欢静静地坐着，闻闻花香。小牛慢慢长大了，牧场里来了五个戴着奇怪帽子的人，他们要挑选参加马德里斗牛大赛的公牛。费迪南因为一只大黄蜂蛰它而发疯似的跑和跳，结果它被意外选中了……

牛妈妈真是善解人意，费迪南老是独自待着，牛妈妈担心它会孤单，可当她了解了费迪南的心思后就由着这只小牛自得其乐，不再干涉，这真是个懂得尊重孩子的好妈妈。小朋友发现牛妈妈的脖子上挂着一个大大的铃铛，上面还有字母，我告诉她 mother 就是妈妈的意思，还借机扩展了一下，教了教 father。

书的后半部分作者为我们渲染了盛大的斗牛大赛，谁先出场，谁拿着长长的矛，斗牛士什么装备，可是在万人瞩目的斗牛场上，费迪南看到女士们头上那些漂亮的花后，他静静地坐了下来，闻着花香。不管花镖手、长矛手、斗牛士怎么刺激他，它都不理会。最后人们只好把费迪南送回了家。

这本书以浓烈的红色开场，翻开后才发现里面竟然只是单纯的黑白两色。文字单排在一页，非常的舒朗。图画没有过多的背景渲染，线条简洁、细腻，寥寥几笔就把一个个生动的形象活脱脱地展现在了我们面前。比如那五个来牧场挑选斗牛的人，他们都戴着奇怪的帽子，抽着雪茄，叼着烟斗，留着胡子，戴着眼罩，每一个都不一样，我们能从他们那傲慢的表情和奇怪的形象上看到奸诈、狡猾和邪恶。还有那些花镖手、长矛手等等尽管都是群体想象，但是里面的每一个人的表情和动作都不一样。

在文本的叙述方面，作者在轻描淡写的平铺直叙中穿插了一些议论。“如果你是大黄蜂，有一头公牛坐在你身上，你会怎么办？当然是蛰他了！大黄蜂就是这么干的！”“公牛出场了。你知道公牛是谁吧？是费迪南！”这种“叙”“议”结合的方式不仅拉近了和小读者的距离，还带来了一种幽默的效果。

这样一本孩子们喜欢的书，曾经一度被禁（西班牙内战期间被列为禁书，纳粹德国也曾把此书列入焚书书单），而且被打上了“反战”“和平主义”的标签，不同的人站在不同的立场上会有不同的理解，我和小朋友感受到的是那个不喜欢争斗的费迪南是那么的气定神闲，那个在栎树下静静闻着花香的公牛是那么的淡然、平静和幸福。

每一个个体都不一样，这头爱花的牛也许会带给我们一些启发和安慰，尤其是当你搂着家中的小宝贝儿一起读这本书时，你是不是该平心静气地凝视一下自己的孩子或者淡定从容地审视一下自己的生活。

18

一只离家出走的獴

——《獴哥的信》

一只獴厌倦了一成不变的生活，来了一场说走就走的旅行。一封封从世界各地寄回的明信片让我们见识了獴科动物的种类之多，差别之大。这位年轻勇敢的冒险家经过了一周的走访和探险后回来了，他发现家才是最温暖、最安全、最舒服的地方。《獴哥的信》，著：[英]埃米莉·格雷维特，译：何敏，二十一世纪出版社 2014 年出版。

今天的主角儿是獴哥桑尼，他住在卡拉哈里沙漠，一个非常干燥非常炎热的地方，他来自一个大家庭，他们的祖传家训是“待在一起、安全无比！”可是这样的生活也太无聊、太无趣了吧！终于有一天，獴哥收拾起行李开始了自己的探访之旅。周一鲍勃叔叔家，周二表兄斯卡瑞奇、米奇家，周三堂兄爱德华家，周四表妹米尔德丽德和法兰家，周五比伊表姑家……

獴哥家族的亲戚还真不少呀，桑尼可算是开了眼界了。我和小朋友跟随着这只探亲的獴哥也长了不少见识。书中共介绍了五种獴科动物：体型较小的侏獴、喜欢搬家的非洲獴、和人类毗邻而居的灰獴、生活在热带雨林里的库氏獴、昼伏夜出的鼬形獴。关于这些动物的介绍，在桑尼寄回的明信片上都有文字说明，只是字体非常小，而且隐藏在边边角

仙人掌

角或者夹缝中间，很容易忽略，就像书的封底上写的要“仔细阅读”才行呦！

每种獴都有自己的生活习惯和生活方式，桑尼最初觉得很新鲜、很好奇，但是时间长了，各种各样的问题就出现了，他发现鸡蛋没有蝎子好吃，他讨厌潮湿，他怕黑，他又冷又累。他越来越思念自己温暖的大家庭了，从他寄回的明信片就可以看出来，最初时桑尼在落款处只画一颗心，渐渐地越来越多，最后一站时小朋友特意地数了数，足足有九颗心。桑尼终于回家了，迎接他的是隆重热烈的欢迎仪式和大大的温暖拥抱。不知道这是不是桑尼最后一次旅行，不过目前看来，此时的他感觉家才是超级棒的地方。

本书在图画设计上展示了作者出色的想象力和创造力。快递包裹一样的封面、明信片的设计、《星期天太阳报》的拼贴等等细节之处都让人惊叹。作者的绘画功底也非常了得，细腻中蕴含着夸张和豪放，非常引人注目。

细心的小朋友还发现，在桑尼走访的过程中一直有一个“不怀好意”的尾随者，就是那只豺（獴的天敌），虽然最后并没有发生什么实质性的危险，但是这一路走来，也是险象环生。这也就涉及到了本书的主旨，外边的世界很精彩，但是外边的世界也很危险。随着孩子们自主意识越来越强，他们都会有“想逃离，要出走”的想法，不过，那些厌倦了家中无聊生活的小朋友们，还是应该记住，在没有足够强大之前还是待在家里茁壮成长吧，家永远是最温暖的地方。

19

普通人家的神秘来客

——《老虎来喝下午茶》

一个平常的下午，一对母女在自家的厨房里悠闲地喝着下午茶。突然，门铃响了，一只老虎不请自来，那会发生什么样的事情呢？普通人家的神秘来客——《老虎来喝下午茶》，著：［英］朱迪斯·克尔，译：彭懿、杨玲玲，接力出版社 2014 年出版。

一只毛茸茸的大老虎走进了小女孩索菲家，要和她们一起喝下午茶。这只大老虎食量惊人，它吃光了所有能找到的食物包括锅里正煮着的饭，喝光了所有能找到的饮品甚至是水龙头里的水。吃饱喝足后，老虎心满意足地走了。家里一片狼藉，更重要的是没有东西为爸爸做晚饭了。爸爸回来后，索菲一家人去餐厅吃了晚餐。第二天妈妈和索菲去买了好多吃的东西，还专门买了一大罐虎粮，以备老虎再来喝下午茶……

这本书带着浓浓的英伦风，里面的每一个人物都那么的优雅和绅士。那只花斑大老虎好可爱：彬彬有礼，进门说对不起，出门说谢谢，而且一直都笑眯眯。那个头戴蓝色蝴蝶结的小姑娘索菲好有爱心：站在椅子上递给老虎小圆面包，托着下巴看着老虎吃光橱柜里的瓶瓶罐罐，抚摸着老虎的大尾巴静静地等候老虎喝水。索菲的妈妈好友善：热情地邀请老虎进门，微笑着看着老虎吃这喝那。索菲的爸爸好绅士：坐在沙发上安静地听完家里发生的事，出门前认认真真地帮索菲穿衣服。这些细节的描述折射出的是一个温馨和睦的家庭氛围，就算有不速之客来访，生活秩序被打乱，一家人的心情依然那么平静和坦然。

这本书创作于 1968 年，自问世以来被译成 25 种语言，全球畅销 40 余年，还改编成了经典的舞台剧，创作这本书的朱迪斯•克尔也已成为 90 余岁高龄的老奶奶。而今天我们亲子阅读时，家中 5 岁多的小朋友依然很喜欢这本书。仔细探究发现“这杯下午茶”具备成为经典图画书的很多特质。

首先，那个看似平常的开头，其实有着巧妙的悬念预设。门铃响了，会是谁呢？书中先列出了三种不可能，不可能是送牛奶的人，不可能是杂货店的男孩子，也不可能是爸爸。那么多的不可能，那到底会是谁呢？这样轻描淡写的表述，其实给了读者很大的阅读期待，这也为神秘访客的出场进行了预热和铺垫。

其次，本书的图画和文字互补表达，共同承担了叙事责任。在文字部分基本上采用的是最简单的白描方法，文辞简洁，“它（老虎）喝光了牛奶，喝光了橙汁，喝光了爸爸的啤酒，还喝光了水龙头里的水。”这种没有任何修饰的主谓宾结构是一种最低限度的描述，而越是简单的表达形式对于处于语言发展期的小孩子们来说越是容易接受和理解。书中故事的生动和细节的丰满则由图画来补充和完善。我们看到老虎吃光餐桌上的食物时，索菲和妈妈仰头吃惊的表情。我们看到索菲如此喜爱这只大老虎，她会亲昵地搂着老虎的脖子以及用脸蹭着老虎的大尾巴，如此等等，图文的巧妙配合让这个异想天开的故事更加妙趣横生。

再次，书中开放的结尾给了我们遐想的空间。书的最后，索菲拿着一大罐虎粮以备老虎再来喝下午茶，以为故事在这里就结束了，可是翻过来竟然还有一页，那只花斑大老虎吹着小喇叭，侧身站在书页里。这只老虎竟然会吹喇叭，它又会去哪呢？它还会有什么样的故事呢？这给了我们自由演绎和发挥的空间，我家的小朋友说这个老虎会不会去参加一个乐队呀！

帆布鞋

一个平静的下午因为一个不速之客而变得那么的特别和有趣。一本简单的图画书因为一场下午茶带给了我们温暖和爱意。那份友善和包容、悠闲与恬静值得我们细细品味。

20

是谁守护你的梦

——《梦的守护者》

静悄悄的夜里，是谁默默地守护着我们的睡眠？浩瀚的星空下，是谁让我们甜蜜如梦？《梦的守护者》，文：［德］艾文·格奥舍著，图：［德］诺尔曼·荣格，译：王星，新星出版社 2014 年出版。

梦的守护者是一个头戴礼帽，身穿长袍的人，他有着长长的手臂，大大的手，鼻子也很大。哦，他衣服的领子和袖口上还有弯弯的月亮装饰呢！他的房子竟然那么的小，只容得下一个人站立在里面。房间的周围散放着好几个蓬蓬的抱枕，星星闪烁的夜空下，这个梦的守护者有点神秘呀！

梦的守护者要守护所有喜欢睡觉的人的睡眠：他守护做噩梦的小图比亚斯，守护睡不着的格斯弗老奶奶，守护喜欢听沙沙声的小康斯坦兹，守护喜欢在数学课上睡觉的孩子们，他还给当地的管乐队上课，指挥他们在大家入睡时轻声演奏。……可是谁来守护梦的守护者的睡眠呢？当然是那些被梦的守护者守护了睡眠的人。

这个会飞的梦的守护者是那么温暖的一个人，他那么的贴心，每次都会温柔地多做一点。当小图比亚斯受到噩梦的干扰，梦见房间里开始下雨时，梦的守护者就会来帮助他，他不仅守护小图比亚斯的睡眠，

第二章
成长路上的磕磕绊绊

每一本书都是一盏灯

照亮孩子前行的路

孩子们在成长的道路上不仅会有简简单单的小快乐

还会有各种各样的小烦恼

分离的焦虑、怕黑的恐惧

换牙的不适等等磕磕绊绊

与童书为伴，实现书籍与生活的互文与共鸣

孩子们会更加勇敢地前行

21

淘气的熊孩子

——《大卫，不可以》

有这样一个故事，小孩子喜欢得不要不要的，他们找到了共鸣：原来世界上的孩子都一样，不乖不听话的孩子多得是嘛。有这样一个故事妈妈们喜欢得不要不要的，她们内心释然：原来世界上的妈妈都一样，谁都难免抓狂发飙、大声嚷嚷。淘气包、捣蛋鬼的故事——《大卫，不可以》，文/图：［美］大卫·香农，译：余治莹，河北教育出版社2014年出版。

让我们先看看大卫这个混世魔王的“英雄”形象吧！圆圆的脑袋，椭圆的身体，小细胳膊小细腿儿。短短的眉毛，小圆眼睛，三角形的鼻子鼻孔还朝天，大大的嘴巴，一口稀疏的小尖儿牙。宝贝儿发现大卫的鼻子眼儿竟然一个大一个小，她还认真地数了数大卫到底有多少颗牙。这个张牙舞爪的大卫，一看就是个“小恶魔”。

让我们再看看大卫这个混世魔王的“英雄”事迹吧！

事迹一：登高玩跷——无知者无畏。你看看封皮上的大卫，脚踩着翘起来的书，双手够着倾斜的鱼缸，眼看就要摔倒的样子，可是他呢，竟然还对着我们一脸的坏笑。宝贝儿发现鱼缸里的水都洒出来了，两条小鱼也被吓坏了。可不是嘛，估计大卫的妈妈也会被吓坏的，因为搞不好就会人仰鱼翻了。大卫又在登高拿东西，这次是踩在椅子上，拿橱柜最上面的饼干桶。这次更惊险，身体倾斜45度，撅着小嘴，伸长胳膊，一副志在必得的小模样，听得后面一声大吼“大卫，不可以”，妈妈的及时制止让我们这些心提到嗓子眼儿的读者松了口气。

事迹二：玩泥玩水——肆无忌惮。哎哟，我的天呀！大卫弄得浑身是泥回到了家，地板上满是泥脚印，更可气的是他竟然一脸无辜地回头望着我们。宝贝儿笑呵呵地指着大卫头顶上的小蘑菇和干草枝儿，我则发现大卫脸上的泥巴里还有一条小虫子，“天哪”，除了这样的词语我们还能说什么呢，太同情大卫的妈妈了。——赶紧拎进浴缸，洗洗吧。没想到浴缸又成了大卫的主战场。轮船、鲨鱼、鸭子、章鱼这些玩具齐上阵，大卫顶着海盗帽，拿着大鲨鱼，追赶小鸭子，还有那忘记关的水龙头，满满一池子水都溢出来了。终于从浴缸里出来了，结果不害羞也不害臊的大卫竟然光着身子冲到屋外的马路上。每次看到这一页，我和宝贝儿都笑得前仰后合。

事迹三：爱玩贪吃——随心所欲。这次大卫是在厨房，头顶着锅，手拿着勺，乒乒乓乓在敲一只平底锅，他双眼紧闭，龇牙咧嘴地自我陶醉着。紧接着大卫用叉子把土豆、黄瓜、鸡腿这些食物玩成了一个小人，宝贝儿说这个小人跟大卫可是有点像呀！不让玩了那就吃吧，可是大卫张着那个饕餮大嘴吃了一大堆的食物，我和宝贝儿都担心了，可别撑坏了呀，大卫妈妈赶紧大吼一声：“大卫，不要吃了。”

事迹四：看电视不睡觉——精力旺盛。电视里的超人太好看了，可妈妈非得让我回房间，哎！大卫拿着小单子，拧巴着小鼻子，迈着小步子，慢吞吞地走向卧室。我可以在床上玩超人嘛！大卫又找到了兴奋点，戴上眼罩、披上斗篷，穿上靴子——超人来了。这个大卫的杀伤力可是不小呀。大卫又在看电视，这次是超级好看的宇宙飞船。哇，地上一片狼藉，妈妈又在吼了，把玩具收好！——哼！我才不管呢，我听不见，就是听不见。

最后大卫这个天不怕地不怕的小坏蛋摊上事了，妈妈已经警告了，

小怪物

不可以在屋子玩棒球，可是好动的大卫还是挥动了球棒，哗啦啦——可怜的花瓶碎了一地。妈妈忍无可忍，开始处罚他，面壁思过，坐惩罚凳……

这个故事太有趣了，调皮的大卫简直就是一个欠揍的熊孩子。最后的结尾很感人，妈妈把挨罚的大卫搂在怀里，那一句“大卫乖，我爱你”温暖了孩子，也感动了你我。

谁家孩子不调皮，谁家孩子不顽劣，童年那么短暂，能和孩子一起斗智斗勇也是一种人生乐趣嘛！

22

萌宠来啦

——《红豆与菲比》

一只圆滚滚的狗狗和一只胖嘟嘟的猫咪愣愣地站在书的封面里，这两个呆萌的小动物是谁？他们又会有怎样的故事呢？原来他们叫《红豆与菲比》，文/图：［美］彼得·麦卡蒂，译：宗玉印，河北教育出版社 2009 年出版。

翻开书，首先映入眼帘的是两只萌宠在呼呼大睡。狗狗红豆蜷缩在地板上，猫咪菲比俯趴在窗台上，他们各自待在最喜欢的地方睡觉。丁零零 ——起床啦！没想到一起来这两个小家伙儿连个招呼都没打就各奔东西，菲比要待在家里，红豆则要坐车出去。难道同一屋檐下的两只宠物各自玩耍、各自快乐，就没什么交集？

仔细读来，绝非如此，原来他们早已心有灵犀：红豆去海边找它的朋友弗瑞德玩耍，菲比则在客厅和小宝宝玩儿；红豆和好朋友快乐地冲进浪花里时，菲比则挣脱小宝宝的束缚冲向了门口；两只小狗在海边玩得好开心，菲比在卫生间玩卷纸也很高兴……红豆终于回家了，两个好朋友隔窗相望，有点惺惺相惜，然后呢，他们一起吃着各自的晚餐，吃完又回到他们最喜欢的地方！

这本书乍一看，有些平淡，就是讲述了一只猫和一只狗的生活琐事嘛！没有太多的戏剧冲突，没有过多的语言叙述，都是些只字片言，轻描淡写。但是它为什么会获得 2003 年美国凯迪克银奖呢，它为什么会被美国《纽约时报》和《出版人周刊》推荐为年度最佳图画书呢？

好书就像美酒，需要细细地品味才能享其甘醇。

这本书用简洁的语言和不露痕迹的对比，留给我们无限遐想的空间。独自趴在沙发上的菲比会不会有些孤单呢？而坐进汽车里的红豆是不是太过兴奋呀？冲进浪花里的两只狗狗一定会浑身湿透，而玩弄卷纸的菲比估计会挨骂呦！狗狗饿了，竟然盯着水桶里的鱼，它估计在想这是菲比最爱吃的东西。猫咪饿了却冲着鸡肉三明治发呆，没准儿他在惦念红豆呢！这就是这本书的魅力，孩子们可以自己丰富故事的情节，可以自己揣摩故事的情景。

这本书在绘画风格上也是独树一帜，处处充满着柔和、温润的色晕，就像许敏雄先生所说："整本书的图画印象，如同套了柔光镜头所见，画面朦胧、氤氲、柔美得有如白日梦般不太真确。画的动物造型柔和简约，动作定格干净利落，与环境融入和谐，制造出光影颤动的动感。"我们会不知不觉地被图画中传递出的温馨氛围所感染，我们的心也会被这两个呆萌的小动物所击中，就像回到了梦幻般的童年。

"晚安，红豆。""晚安，菲比。""晚安，小宝贝儿！"这本书在晚安声中结束了。家中的小朋友也念叨着红豆和菲比昏昏欲睡了，只是不知道这个美妙的故事会不会让宝贝儿在睡梦中咯咯地笑起来。

23

孩子们的小心思

——《我想养只宠物》

如果你的孩子非要养只宠物，你会怎么办呢？你会宽容大度地欣然同意，还是义正词严地断然拒绝？很多大人会拿出一个折中的办法，找各种各样的理由推脱，可是这打消不了孩子们的念头，他们会向这个世界宣布《我想养只宠物》，著：［英］罗伦·乔尔德，译：漆仰平，新星出版社 2009 年出版。

一个小姑娘，很想养一只宠物。当她把这个强烈的愿望真诚地告诉家人时，家里人给了她一堆条条框框。妈妈说不掉毛还成，爸爸说最好能住在院子里，奶奶说嗡嗡叫的可不行，爷爷说毛绒玩具最合适。哦，这么多限制条件呀。不过小姑娘可没有就此打住，她挖空心思地想出了各种要养的动物：非洲狮、绵羊、大灰狼、章鱼、蟒蛇、蝙蝠，等等。不过这些动物们都因为有“致命伤”被大人们一一否决了。但是这个倔强的小姑娘很坚决，“我必须想尽办法找到一种宠物”，最后呢，宠物店的阿姨给了她一颗紫色的蛋……

这本书可圈可点的地方很多，色彩明快，主体突出，尤其是大面积的纯色背景，让人眼前一亮。书中的语言有一种自说自话的幽默，配上那略带嬉皮的画风，把一个古灵精怪又倔强执拗的小姑娘活脱脱地展现

可爱狗狗

在了我们面前，怪不得作者在创作时要给她头上画上尖尖的角呢，这应该也是一种性格的暗示吧！

我家小朋友在看书时发现了一个有趣的现象，这个穿着绿裙子的小姑娘每想到一种宠物时，她裙子上的图案都会变，猪、鸟、瓢虫、兔子、老鼠、蜗牛等等什么都有，这也从某个角度象征了孩子们小脑袋瓜里的各种奇思妙想。书的最后那颗蛋里到底会蹦出什么宠物呢？我们只看到了蛋壳开始裂了，露出了两只尖角，后续的事情就要靠读者任意发挥，自由想象了。而我家的小朋友给出的答案是“猫头鹰”。哎哟喂！要真是昼伏夜出的猫头鹰，这个家岂不会闹得人仰马翻、鸡犬不宁，估计妈妈会罚小女孩不许吃巧克力酥饼吧！

对于养宠物这件事，很多孩子都是盲目冲动和三分钟热情，就像我家里养的那只小鸭子。刚来我家时，女儿是那么喜欢，看鸭子凫水，给鸭子喂食，每天都要盯着看好一会儿，可是一个星期后她就置之脑后了，喂食、打扫等完全成了我的事，想想我每天捏着鼻子处理小鸭子的吃喝拉撒，真是有点后悔买这个宠物。不过就像书中宠物店阿姨说的鱼还是可以养的，至少这还比较干净。

养只宠物是孩子们的一个小心思，这种愿望在 3 至 5 岁时会非常地强烈，如果你拗不过他们的死缠烂打，又不想忍受那些臭气熏天，那就和孩子一起读读这本书吧！没准儿书中的故事会转移孩子们的注意力，他们光想着到底应该养只什么宠物，而忘记了养宠物本身呢！

哈哈哈，突然有了一种和孩子斗智斗勇的感觉。

24

斗嘴又吹牛的两个小朋友

——《乒乒和乓乓钓大鱼》

两只小企鹅，一个叫乒乒，一个叫乓乓，他们不仅一起吃、一起玩，还时不时地吵架和斗嘴！《乒乒和乓乓钓大鱼》，文/图：宫西达也，译：熊春、蒲蒲兰，二十一世纪出版社2007年出版。

乒乒和乓乓一起去钓鱼，他们都想钓一条大鱼。波刺波刺，不是乒乒的鱼竿动了，就是乓乓的鱼竿动了，每次钓到鱼总有一个人说很大很大，另一个则要斗嘴说很小很小。最后两个人生气闹别扭了，就在这时，鱼竿又动了，这次可是有点不一样，咔嚓咔嚓冰面裂开了，冲出来一只大鲸鱼，乒乒和乓乓被撞得晕头转向。两只小企鹅也明白了大鱼虽然好，但他们还是去钓小鱼吧！

这两只小企鹅太可爱了，乒乒戴红帽子，乓乓戴黄帽子，小朋友发现这两个人的帽子形状还不一样，一个是尖的，一个圆的。这两个好朋友谁也别说谁，为了证明自己钓的鱼最大，都爱吹大牛。看着两个小家伙儿把钓到的鱼肆意夸张，我和小朋友都觉得好笑：脑袋挺小可是肚子很大的鱼，像一个黄黄绿绿的大芒果；脑袋很大身子很小的章鱼像个红红的大口袋；头尾都很小，而身子很长很长的鳗鱼，像个大蟒蛇；而那个触须很长很长的鱿鱼，宝贝儿说像个大大的耙子，更逗人的是那只大螃蟹，一只钳子那么小，一只却超级大。这两个小家伙，想象力够丰富，吹牛功夫也够了得。

这两个小企鹅的名字十分有趣，一个乒乒一个乓乓，字形相近，读音铿锵，既暗示两个小伙伴的亲密无比，读起来又朗朗上口。家中的小朋友认识“兵”这个字，她没想到左右各少了一点还能演绎出“乒”和“乓”这样两个字，她非常喜欢这个故事，信誓旦旦地要念给我听，不过没一会儿工夫就把乒乒乓乓这两个字搞混了。

这是一本以儿童为视角的绘本，完全是小孩子的思维方式。书的封底上标注着“适合 3 岁以上亲子共读”。3 至 6 岁的小孩子是自我意识的萌发期，他们喜欢探索和幻想，喜欢比较和占有。书中那些言过其实的夸张和不依不饶的斗嘴恰恰反映出了这个阶段小孩子的特点。简单有趣的故事没有任何的说教，浸染着孩子们的纯真无邪，而且整本书无论是从故事安排还是情节设计上都充满着孩子们喜欢的东西——重复、惊喜、想象和幽默，也难怪孩子们会欢呼雀跃地喜欢这本书。

其实小孩子间吵吵闹闹、好好坏坏是常有的事，家长不必上纲上线，也不必紧张兮兮，好多事情他们自己就能解决。就像乒乒和乓乓一样，突然冒出的大鲸鱼让两个好朋友的手紧紧地握在了一起，他们不再吵也不再闹，和好如初，连封底上的大鲸鱼都笑了！

而现实版的乒乒乓乓今天就在上演：“我要个棉花糖”“我也要个棉花糖”；“我要个红色的吹泡泡的”“我要个粉色的吹泡泡的”；“我捡到了一片大叶子”“我捡到了一片更大的叶子”；“我想去小姐姐家玩”“我不让她去我家玩”……

25

有一种友谊叫嘟嘟和巴豆

——《两个好伙伴》

世界上有一个名叫“喔的咯咯喔咯的’地方，那里住着两只小猪，一个叫嘟嘟，一个叫巴豆。嘟嘟热衷四处旅行，巴豆喜欢窝在家里。尽管两人性格截然不同，但是这并不影响他们的友情。嘟嘟巴豆系列故事之《两个好伙伴》，文/图：［美］霍利　霍比，杨玲玲、译：彭懿，二十一世纪出版社 2008 年出版。

一开篇的两张图画，鲜明地揭示了嘟嘟和巴豆的不同。巴豆正在忙着做饭，厨房里挂着大大小小的锅，一看就是个热爱生活的小吃货。而嘟嘟在干什么呢，他的房间里堆满了厚厚薄薄的书，他正拿着放大镜研究地球仪，这是个喜欢探索和冒险的小家伙儿。真是各有所好的两只小猪！

一月里的一天，嘟嘟决定去做一次有史以来最伟大的旅行，他背上行囊出发了，从非洲到埃及，从所罗门群岛到阿尔卑斯山，嘟嘟的脚步走遍了全世界。埃及的骆驼、印度的大象、西班牙的公牛、南极的企鹅、意大利的美食，这些具有代表性的风土人情开阔了孩子们的视野，没准儿会激起小朋友旅行的热情呢。而待在家里的巴豆，则带给我们最真实的快乐，冰上滑雪摔个大屁墩儿，烂泥里打滚浑身脏兮兮，池塘里跳水“噢

一起冲浪

来噢来噢来！”

虽然两个好朋友相隔万里，各自玩耍、各自快乐，但是他们却彼此惦念。嘟嘟不管到哪里都会寄信给巴豆，述说亲身的经历，表达自己的关注。你看，嘟嘟在印度潇洒地骑着大象，可是他并没有忘记巴豆的生日。而巴豆呢，听说嘟嘟在巴黎参观艺术展，他也禁不住倒腾出画笔，来个自画像。尤其是当巴豆听说嘟嘟要回来时，他兴奋地打扫、烹饪、装饰、洗漱，一副喜出望外、兴高采烈的样子。

这本书的绘画太生动了，这两只用水彩笔画出的小猪那么的鲜活，那么的灵动。作者是高超的绘画艺术家，她描绘的各个国家和各个地区都有独特的风情，画面既轻盈又温润，而且在画面的配色上很注重搭配和呼应。这两只小猪是心灵相犀的好朋友，所以我们看到嘟嘟在印度骑着金光闪闪的大象时，巴豆过生日时也是一片温暖的黄色背景。整本书在描述嘟嘟和巴豆各自的生活时基本上都遵循这样互搭的原则，或色调一致，或部分点缀，或遥相呼应。这也和本书的主题非常地契合。

当然，这本书不仅仅是有趣那么简单，小故事里藏着大胸襟。这两只可爱的小猪嘻嘻哈哈地带给了我们很多的愉悦和快乐，在他们眼里似乎生活中的任何事情都是可以享受可以庆祝的，这种昂扬向上的精神气质很容易传递给每一个读过这本书的人。更重要的是他们对待友情的态度，尊重彼此的不同，分享彼此的快乐，在互相关怀中温暖对方。

谁说迥然不同的人不能成为朋友，谁说千差万别的人没有友谊，当你不知道怎么和朋友相处时，看看嘟嘟和巴豆吧！

26

睚眦必报的小鼹鼠

——《是谁嗯嗯在我的头上》

没想到小鼹鼠刚从地下探出头来就遇到了倒霉事，一条长长的“嗯嗯”（大便）掉在了它的头上。本来阳光明媚挺开心的一天就这样给毁了，小鼹鼠气得大叫：“搞什么嘛！《是谁嗯嗯在我的头上》？”文：［德］维尔纳·霍尔茨瓦特，图：沃尔夫·埃布鲁赫，译：方素珍，河北教育出版社 2007 年出版。

摊上事的小鼹鼠怎么能善罢甘休，它头上顶着那坨大便开始寻找那个肇事逃逸者。它四处溜达，质问了很多动物，结果发现他们的“嗯嗯”都不是自己头上的“嗯嗯”，后来两只又肥又大的苍蝇成了破案的关键，它们告诉小鼹鼠他的头上是一坨狗大便。最后小鼹鼠兴奋地把自己的“嗯嗯”拉在了大狗头上，总算报了这个“嗯嗯”大仇，才钻回了地下。

这本书的图画太生动了，你看看小鼹鼠那理直气壮的样子就觉得好笑：它颐指气使地指着大马的鼻子质疑；它抱着双肩横横地问野兔；它叉着腰牛气哄哄地问山羊；它甚至戳着肥猪的鼻子眼儿在那质问。那个架势简直是不查个水落石出决不罢休嘛！搞笑的是动物们为了证明自己的清白，都不惜亲自上阵，当场拉一坨便便给小鼹鼠看。书的最后小鼹鼠终于找到了那个捣蛋者，可是那只昏昏欲睡的大狗有些不明就里，那迷离、困惑、幽怨的小眼神儿，简直让人忍俊不禁。

这是个从始至终都会让人哈哈大笑的故事。书中的幽默随处可见，你看看作者是怎么形容那些动物的便便的。马先生的“嗯嗯”又大又圆像马铃薯，野兔的“嗯嗯”像豆子，山羊的“嗯嗯”像咖啡色的球，这些比喻也就罢了，他竟然说奶牛的“嗯嗯”像一盘巧克力蛋糕，哎哎哎！老兄你考虑一下气味好不好，那么臭烘烘的便便怎么能和香喷喷的巧克力蛋糕放在一起类比呢。

这本书我和小朋友早就一起读过，当时也是喜欢得不要不要的，翻看当时的阅读记录竟然还有尿床事件，“昨天晚上是谁哗哗在我的床上，米奇是你吗？大熊是你吗？”我煞有介事地模仿书中的语言和情节在那质问，小朋友则笑呵呵地承认“妈妈是我呀！”现在小朋友已经有了一定的阅读量和识字量，对于这些熟悉的故事更倾向于自主阅读，她会一边翻看一边乐地笑出声来，她甚至会跑到我身边认真地告诉我，“妈妈，书中除了小鼹鼠戴着眼镜，那匹大马也戴眼镜。”她发现了更多有趣的细节。

这本书的题记写着献给会自己到厕所“嗯嗯”的小朋友。其实每一个读过这本书的人无论是小小孩儿还是大朋友，都会被这只睚眦必报的小鼹鼠逗得捧腹大笑，况且我们还一边笑一边见识了各种各样的动物便便呢，这岂不是既长了知识又长了见识。

孩子小的时候吃喝拉撒睡就是生活的全部，妈妈们很容易陷入这些琐碎的事务中而身心疲惫，幸好有这样有趣的童书可以亲子共读，让我们从生活的烦乱和无奈中解脱出来。而当我们放下道德的约束和禁忌，真正和孩子一起走进故事中时，你会发现自己又回到了童年。

27

他能得逞吗？

——《我想吃一个小孩》

一只小鳄鱼抱着肩，斜着眼，倔强地拒绝着妈妈递过来的香蕉，坚定地宣布今天他想吃一个小孩，那不达目的不罢休的拧劲儿，谁都拦不住呀！可是他能得逞吗？《我想吃一个小孩》，文：［法］西尔维娜·多尼奥，图：［法］多萝蒂·德·蒙弗里，译：文小山，北京科学技术出版社 2014 年出版。

每天早晨鳄鱼妈妈都给小鳄鱼奇奇拿来很多好吃的香蕉当早餐。但是有一天奇奇不想吃香蕉了，他想吃一个小孩。鳄鱼妈妈和鳄鱼爸爸为了打消奇奇的怪念头想出了各种各样的办法，比如找来了一根卡车那么大的香肠，比如做一个大大的、香喷喷的巧克力蛋糕，可是这只小鳄鱼百折不挠，拒绝任何食物，就想吃一个小孩。

正巧在河岸边坐着一个看起来粗心大意的小姑娘，小鳄鱼奇奇一下子来了劲头儿，快步跑过去，露出全部的牙齿，像一只凶猛的野兽一样随时准备出击。可是没想到小女孩一把抓起小鳄鱼的尾巴，在它的肚子上挠痒痒，挠够了还把奇奇“啪”地一下扔进了河里。受了挫折的小鳄鱼太没面子了，他一边往回跑，一边喊：“爸爸，妈妈，香蕉！快！我要吃香蕉！我要变强壮！”

书的最后，小鳄鱼奇奇坐在一大堆香蕉皮上，大口大口地吃着香蕉，还念念不忘地嘀咕“等变强壮了，然后再去吃个小孩”。每每读到这里，都不禁咯咯地笑出声来，这个可爱的小鳄鱼呀，有些固执又有些邪恶，这很容易让人联想到那些调皮捣蛋的熊孩子们。“我不吃饭，哼！不吃，我就不吃！”“我想要个超级飞侠（玩具），我就想要个超级飞侠，我一定要一个超级飞侠！”每个孩子在某一个阶段都会有一股执拗劲儿，家长刻意地较真儿有时候反而会弄得鸡飞狗跳，不如就让他撞一次南墙试试，尤其是像吃饭这种事情，不吃是吧，好，那就饿着吧！等到饿极了，啥都吃了。

这本书有一个很容易被忽略的配角，就是那个戏弄鳄鱼的小女孩，其实她一开始就出现了，翻开书名页，上面赫然站着一个小黑孩儿：乱蓬蓬的头发，黄背心、超短裙还露着肚脐眼儿，瞪着眼叉着腰，一看就是个淘气的疯丫头，这造型、这性格比书中的小鳄鱼有过之而无不及，她的出现和小鳄鱼有一种修辞意义上的互文效果。

这本书短小精致，就那么二十来页，基本上都是大开本横跨页的画面，非常适合鳄鱼这样有着长长身材的主角儿。好多人说这本书充满了隐喻，其实并没有那么的深奥和复杂，它就是一个来源于生活又充满创意的幽默故事，只不过书名有点吓人而已。如果你的孩子看了这本书后能够好好吃饭那当然更好了，如果你的孩子从书中感受到了欢乐和有趣，那也不错喽！不过小朋友们要记得那个想吃小孩的鳄鱼因为不够强壮并没有得逞呦！

28

每个孩子都会有心爱之物

——《阿文的小毯子》

每个孩子在小的时候都会有一个心爱之物，一个小玩偶、一辆小汽车，甚至于一个小片片、小管管之类的。小老鼠阿文的心爱之物是一条黄色的小毯子，“我去哪里，小毯子就跟我去哪里”“我喜欢的东西，小毯子都喜欢”，阿文总是这样对大家说。《阿文的小毯子》，文/图：[美]凯文·亨克斯，译：方素珍，河北教育出版社2007年出版。

翻开书我们看到阿文去哪儿都带着那个小毯子，上厕所时抱着，吃饭时挂在椅背上，楼上楼下、家里家外简直是形影不离。可是阿文一天天地长大，要上学了，不能老是带着小毯子呀！隔壁阿姨出了很多的主意，什么毛毯小精灵呀、什么用醋泡的方法呀等等，可是并不顶用。

当爸爸妈妈非常严厉地告诉阿文，上学不可以带小毯子时，阿文伤心地哭个不停，书中的图画出现了类似《呐喊》的画面，我们可以深刻地体会到这件事对孩子的影响有多大。后来，阿文的妈妈想出了办法，把小毯子做成了许多的小手绢，这样阿文就可以随身带着它又不影响上学了。

这个小老鼠阿文处处都有我家小朋友的影子。这也是为什么我一看到封面和书名就果断地选择了这本书。我家宝贝儿的心爱之物是一个小黄单儿，这和阿文那个黄色的小毯子非常像。小朋友把这个小黄单儿简

小黄人

直玩出了花样，蒙在头上玩捉迷藏，披在肩上当斗篷，裹在身上当裙子，她还用小黄单儿给自己的玩偶当衣服、当被子、当吊床，各种各样地玩，各种各样地喜欢。

记得宝贝儿还小的时候，这个小黄单儿简直就是我们的睡觉神器，只有拿着它，宝贝儿才能安稳地入睡。有时候我都要感谢这个小黄单儿，在黑夜里宝贝儿抓着它能香香地酣睡，这是多么大的功劳呀！其实对于小孩子来说，那些心爱之物是一种非常正常的心理需求，拿着这些物品，孩子的内心会放松，会产生安全感。我们不必强迫孩子和她的心爱之物分离，书中鼠妈妈采用了变通的方法，很值得赞许。

有时候我会逗逗小朋友："你把那个小黄单儿送给妈妈行不行呀？""不行。嗯——不过你可以拿一会儿！"宝贝儿，你不知道，妈妈其实也有自己的小黄单儿，那就是你这个小宝贝儿呀！

29

嘘！嘘！嘘

——这里有一本《好安静的书》

好几只毛茸茸的小动物齐刷刷地竖起手指放在嘴边，嘘嘘嘘，嘘嘘嘘！这里有一本《好安静的书》，文：［美］蒂波拉·安德伍德，图：［美］雷娜塔·丽斯卡，译：林良，明天出版社2012年出版。

“安静有好多种：大清早第一个醒来的那种安静；果冻掉在地上的那种安静；怕把鸟儿吓跑的那种安静；听别人说悄悄话的那种安静……睡前亲一下的那种安静；打开手电筒躲着看书的那种安静；睡熟了的安静。”这本书的语言非常简洁，简单一句话描述一种状态，寥寥数十字再现一种情景，如果把整个的文本从书中抽离出来，排好版就是一首优美的散文诗，当你轻声细语地读出来时，有一种小溪流水娓娓道来的感觉。

而诗意的文字配上细腻的画面，整本书就鲜活起来。那些呆萌的小动物们，站在特定的情境场所里，向我们讲述着他们从早晨起床到夜晚入睡所经历的安静时刻。作者是以动写静的高手，每一种安静的描述都是以动衬静。一只小兔子撅着小屁股伸着胳膊在做操，那是“大清早第一个醒来的安静”。两只小熊在嘀嘀咕咕，另一只小熊在侧耳倾听，这是“听别人说悄悄话的安静”。音乐会开始，美妙的音乐开始演奏，这

江南水乡

是“忍住不敢打嗝的那种安静”。如此等等，书中提到的每一种安静似乎都能让我们的思维停顿一秒，安静一会儿。

从整体来看，这本书是对生活中的某一个点、某一个片段的捕捉，基本上是一种发散性的叙述方式，并没有完整的故事情节。但是如果你仔细阅读会发现，有的“安静”是一个独立的情境，而有的“安静”则是暗含前后因果关系的，只不过作者巧妙地隐匿了故事的情节。在“给画涂上颜色的安静”中，一只小熊在安静地涂色，可是他后面的背景墙上分明有一只小鹿的涂鸦嘛！这也就直接导致了下一页中的“想一个为什么在墙上乱画的理由的那种安静”。有的情节更为隐秘，在“把玩具熊藏起来的那种安静”中，我们一直有点纳闷为什么要藏玩具熊，直到最后一页谜底才揭开，原来是那只大蜥蜴特别爱抱着玩具熊，怪不得小兔子要藏起来呢。

安静有很多种，情绪也有很多种。作者文图合奏描绘出的各种安静，也暗含着各种各样的情绪和感受。果冻掉在地上的安静有点尴尬，假装自己消失不见的那种安静有点紧张，第一眼看到自己新发型的安静有点委屈，云霄飞车冲上最高点的那种安静有点让人窒息。而许愿的安静、第一场雪飘下来的安静、听故事的那种安静等等又让我们感受到了倾听内心和自然的安静时刻。

本书的绘画色彩非常柔和，那些呆萌的小动物们就像一个个小玩偶一样，每一个我们都想抱在怀里。在画面的处理上，在一个大开页中，左右对比，一个是大量的留白，一个是满幅的背景，这种在统一的色调下的细微变化使画面不至于过于单调，也给阅读增加了很多的情趣。

这是一本讲述安静的书，也是一本真的能让人安静的书。当我家的小朋友晚上十点还在床上兴奋地前滚翻、袋鼠跳时，我拿出了这本书开始读起来，小孩子开始慢慢地靠近我，她被书中的画面吸引，她好奇那只大蜥蜴，她让我再读一遍。好书就是有这样的魔法，它能让你心如止水、甜蜜入梦。

每个人的安静都有好多种，亲爱的宝贝儿，妈妈也有好多种安静：微雨的清晨纠结叫不叫你起床的那种安静；上班的路上冥想你在幼儿园吃喝玩耍时的那种安静；忙碌的间隙翻看你的成长记录的那种安静；温暖的被窝里，搂着你共读一本书的那种安静；寂静的深夜里默默为你写一个故事的那种安静……

30

执拗的老婆婆

——《讨厌黑夜的席奶奶》

住在山区的席奶奶讨厌蝙蝠、讨厌猫头鹰、讨厌鼹鼠、讨厌田鼠，讨厌蛾子、讨厌星星、讨厌黑影、讨厌睡觉……连月光她也讨厌，说来说去，她讨厌的就是黑夜。执拗的老婆婆——《讨厌黑夜的席奶奶》，文：［美］凯利·杜兰·瑞安，图：［美］阿诺德·洛贝尔，译：林良，河北教育出版社 2009 年出版。

为什么会有人这么讨厌黑夜呢？讨厌那些昼伏夜出的动物们也就罢了，怎么会连星星和月光也讨厌呢？其实书的前奏部分早有交代。本书的封面和封底连起来是一幅完整的图画。漆黑的月夜里，一棵巨大的树上停着一只眼如铜铃的猫头鹰，一位老婆婆双手扯着一件披肩在大步疾走。这两个形象分别置于画面的左右两边，当你把整本书摊开来，会发现老婆婆的眼神以及动作其实是一种逃离的状态。书的前环衬、扉页部分也都有一些细节的交代，那个打开的提灯，那个躲在窗帘后面偷偷往外探望的眼神，其实揭示的都是一种害怕的状态。原来讨厌源于恐惧，而恐惧很容易萌发为愤怒和对抗。

讨厌黑夜的席奶奶为了赶走黑夜想出了各种各样的办法：用扫帚扫，用麻布袋装，用锅煮，用藤蔓捆，用剪刀剪……这个和黑夜死磕到底的老太太就像一个英勇的斗士一样和黑夜整整斗争了一晚上，仔细数了数，她竟然绞尽脑汁用了十七种方法来对付黑夜。当黑夜退去太阳爬上山顶时，席奶奶已经累得无心享受白天的快乐了，她在草垫子床上睡着了……

这本书在叙事上是有节奏的，缓起急收，详略分明。书中介绍席奶奶对抗黑夜的前几种方法时，都是很细致地描述。“她（席奶奶）用小树枝扎了一把扫帚……她又扫又扒又拨又掸的……”“席奶奶拿出针线，把麻布缝成一个结结实实的麻布袋……她又装又填又压又塞的，蹑手蹑脚地连一个黑影也不放过”。从这些叙述中可以看出最初席奶奶还是比较从容的，她精心准备，按照自己的想法在对付黑夜。

慢慢地故事开始简化，基本上就是“一个情节、一句结果”的形式。“她把黑夜沉进屋后的井里，但是黑夜又冒出水面来”“她用蜡烛去烧黑夜，但是黑夜又溜到屋外去了”。到了最后部分，文字更加简单，采用一种紧锣密鼓的叙述方式，“（席奶奶）对黑夜挥拳头、把黑夜放在烟囱里熏，用脚踩黑夜，用手打黑夜，挖土坑来埋黑夜”，这样密集地描述透露出席奶奶已经变得有些恼羞成怒了，读者也会有一种紧张和局促的感觉。

不过，席奶奶给出了最后的招数——对黑夜吐口水，这个近似耍赖的方法一下子让读者紧绷的弦又放松了下来。这真是个张弛有度的好故事。

本书的用色很单纯，前面二十多页都是黑白两色，只有最后三页太阳一点点升起时出现了橘黄色。绘画是钢笔画，有很多细密紧凑的线条排列，精细入微。一本书仅仅用黑白两色就能表现出了不同的层次，不同的情态，生动细腻又个性十足，可见绘者娴熟的技巧和不俗的功力。本书在版式设计上运用了很多的留白，每页中的画面用线框起来，文字或单排一页，或配在图画的上下两边、左右两侧，非常的清晰舒朗。一个大开页中图画的编排也很别致，或左右对称，或横竖对比，或跨页延展，这样富于变化的设计和故事的节奏巧妙地配合，山鸣谷应，琴瑟和鸣。

这个讨厌黑夜的席奶奶让我们看到了一种执拗和倔强的状态，那些对抗黑夜的荒诞行为会让孩子们觉得新鲜有趣。而最后一页，阳光洒满大地，照耀整个茅草屋时，文字的部分来了一句“晚安！”看到这里，孩子们一定会笑出声来。那些怕黑的孩子，如果知道有一个和黑夜纠缠不清的席奶奶，一定会更坦然一些。

我家的小朋友很喜欢这本书，我们踏着夜色回家的路上还一起探讨过书中的情节，席奶奶对着黑夜吐唾沫这个事总是令她念念不忘。她最近热衷于给书配图，五岁的小孩子画得很幼稚，不过席奶奶那个向上翻看的凌厉眼神还是很生动的。

绘本不仅仅是给孩子读的图画书，同样适用于成人。当夜色渐浓，鼾声渐起时，在如豆的灯光下，我独自翻看这本关于黑夜的书，隐隐约约地读出了一些隐喻和哲学的味道。孩子成长的点滴过往一幕幕袭来。当她还很小的时候，有段时间经常在半夜旦无缘无故地大哭，我都不知道该怎么安慰她，甚至连农村迷信的土法儿都用过了，可是黑夜漫长得不着边际，只有孤独和无助野草般疯长。那时的我们还没有读过这样的书，还不知道原来还有这样一个讨厌黑夜的席奶奶，她在用那么具体的方法对抗那么抽象的黑夜。其实当你被一些负面的情绪弥漫的时候，真的去找一些具体的事情来做不失为一种解脱的方法，哪怕像席奶奶一样，用脚踩黑夜，用手打黑夜，用土坑来埋黑夜。

31

紧张又焦虑的等待

——《第五个》

一扇开开关关的门，一盏左右摇晃的灯，五把排列整齐的椅子，五个受伤的玩具，今天的故事有点幽暗，有点紧张。《第五个》，文：［奥］恩斯特·杨德尔，图：［德］诺尔曼·荣格，译：三禾，南海出版公司 2007 年出版。

五个玩具，企鹅、小鸭、大熊、青蛙、木偶呆呆地坐在靠墙的椅子上，右边有一扇门，门缝里透出微弱的光，门开了关，关了开，进去一个，出来一个，进去一个，出来一个……

哦！原来这五个玩具都受伤了。企鹅怎么回事呢？我们最初看时，有些茫然，后来才发现它少了翅膀。小鸭呢，它少了一个轱辘。小朋友觉得大熊最可怜了，它的胳膊和眼睛都受伤了。青蛙哪儿不对劲呢？好像背上有个什么东西，终于看清楚了，是个创可贴。木偶的伤很明显，他的长鼻子折了。

这些受伤的玩具都坐在椅子上等待，气氛有点凝重。那扇门开了，出来一只小瓢虫，然后企鹅进去了，其他四个等待，后来企鹅呼扇着翅膀扭扭搭搭地出来了。下一个进去，剩下的等待，然后进去的出来，每一次都是这样的节奏。每一个玩具准备进去时都有点紧张，大熊咧着嘴，青蛙吐出了长长的舌头。他们出来时都很兴奋，因为他们都被修好了，焕然一新，可是后面等待的人还是有些惶恐。大家都进去了，出来了，只剩下最后那个木偶了，他就是那个第五个，他独自等待，脸上挂着大滴的泪水。门开了，温暖的灯光下一个和蔼的医生正站在那里，架子上还陈列着准备好的胡萝卜鼻子，故事就在这里结束了，相信那个木偶也会兴高采烈地出来，他的鼻子一定修好了。

整本书文字部分非常的简单，“门开了，出来一个 / 进去一个 / 还剩四个；门开了，出来一个 / 进去一个 / 还剩三个……门开了，出来一个 / 独自进去 / 医生你好”仔细数来也就短短的七十五个字，用最基础的语言描述了最基本的事实，没有添加任何情景的描述和心理的描写。整本书画面的视角非常固定，幽暗的墙边坐着五个玩具，门开开关关，人进进出出，在画面的不断重复中渗透着细节的渐次变化。简单的语言配上反复的画面会把读者一步步地拉入一个沉重的氛围之中，我们跟随书中那些受伤的玩具一起紧张焦虑，一起惶恐不安。尤其是那盏吊灯，它向左摆、停下、向右摆，和书中故事的节奏非常的合拍。这摇曳的灯光，给幽暗封闭的空间带来了一份灵动，同时它的左右摆动也像极了人的内心，起起伏伏，忐忐忑忑。

当然，经历了焦灼的等待，故事有一个温暖的结局。当画面视角终于扭转，我们看清楚里面的情景时不禁长出了一口气，心情也随之放松下来。其实不仅仅是孩子，每个人在面对不可预知的事情时都会紧张和焦虑，而这本《第五个》正是把这种情绪准确地描摹和传达了出来，怪不得它获得了那么多的奖项，得到了那么多的认可。

城市微光

32

长大以后做什么？谁知道呢！

——《毛头小鹰》

“我是孤儿”“我没有爸爸，我没有妈妈，我没有半个亲人”，一开篇就是这样的情节，吓了我们一大跳，难道是个悲伤的故事？峰回路转——“说什么傻话！你当然有爸爸，也有妈妈！”虚惊一场，原来一只小猫头鹰在自编自导地演戏呢——《毛头小鹰》，文：［美］罗勃·卡鲁斯，图：［美］荷西·阿鲁哥、［美］艾琳娜·杜威，译：柯倩华，明天出版社 2011 年出版。

这只喜欢表演的小猫头鹰名字叫作毛头，它从白天到晚上一直演个不停。爸爸和妈妈在毛头的教育培养上有了分歧，爸爸希望他将来能当律师或医生，妈妈希望他当演员或剧作家。毛头讨爸爸欢心，也讨妈妈欢心，可是你猜，毛头长大以后是什么……

这本书的语言非常简洁，图画却非常丰富。简简单单的一句“白天，毛头演个不停。晚上，毛头演个不停。”下面配上了那么多细节丰满、生动有趣的画面。蜂鸟悬停、大鸟俯冲、红鹳单脚独立、负鼠倒挂入睡、鸵鸟埋头沙坑都成了毛头模仿的对象，而且它还混迹在了人字雁阵中间，只不过人家大雁都是嘎嘎嘎的声音，他则发出呼呼呼的声响。最让我和小朋友大笑不止的是它竟然坐在一个红苹果上学着鸟的样子在孵蛋。

这个毛头小鹰是个鬼机灵的小家伙儿，它既满足爸爸的期望又遵从妈妈的意愿。扮演医生像模像样，给巨嘴鸟看嗓子，给小蛇绑绷带，给鳄鱼瞧眼睛，还戴上帽子和眼镜煞有介事地当律师呢！妈妈上的表演课更是满足了它表演的欲望，不过嘚瑟过头也就会有糗事出现，当毛头在石头上起劲地表演踢踏舞时，咦——脚下的石头怎么动了起来呀，毛头一下子跌落下来，原来那个石头是只大乌龟。

故事的结尾出乎意料。浅蓝色的背景下，一只猫头鹰正飞跃崇山峻岭奔向远方，它的手里还拎着一只红色的桶，这是要去干吗呢？翻到最后一页，谜底揭开，原来长大以后的毛头成了一名消防员，细心的小朋友还发现是第 27 号消防员哦！

这个故事诙谐幽默，图画中蕴藏的有趣细节，孩子们阅读时会非常轻松和欢乐。笑过乐过之后带给成人的是思考和反省，几乎所有的父母都会和毛头的爸爸妈妈一样，对孩子有各种各样的期盼和冀望，而一个孩子将来会成为什么样的人，会有什么样的成就，真的很难说。过多的规划和干涉没有任何的意义，年幼时深度陪伴，长大后适时放手，这也许是为人父母应该做的。

念完书，熄了灯，小朋友在床上翻来覆去睡不着，索性我们就一起聊聊天：“宝贝儿，你长大以后想干什么呢？”没想到得到了这样的回答，“我长大了想结婚，然后生一个宝宝，给她做饭，给她念故事，好好照顾她。”哦，这个理想好朴素、好平凡呀！好吧，宝贝儿，你长大了就做个幸福的普通人吧，有自己的兴趣和爱好，过有滋有味的小日子，一定要记得幸福呦！

33

人小鬼大

——《给爷爷当保姆》

爸爸妈妈要出门，爷爷赶来照顾小朋友。可是今天这个小朋友才不需要别人照顾呢，他信誓旦旦地要《给爷爷当保姆》，文：［美］简·李根，图：［美］李·怀尔迪什，译：漪然，湖南少年儿童出版社 2014 年出版。

要是爷爷来按门铃，你第一步应该做什么？当然是“藏起来”喽！故事就是这样开始的，一个戴着眼镜、头发稀疏的老爷爷来敲门啦！书中的小男孩可不简单，他觉得照顾爷爷是个有趣的活儿，而且还研究出了一系列的方法和对策。比如不出声秘籍、爷爷私家菜单、带爷爷散步流程图、逗爷爷开心达人秀、爷孙对手戏专场、给爷爷画画、唤醒爷爷的绝招，最后还有一个告别爷爷三部曲。看到没，理论都是一套一套的，真是个鬼机灵的小朋友！

这本书中处处充满着幽默。给爷爷准备的零食青橄榄要穿在手指头上，而且有一颗还咬了一口。天太冷就给爷爷戴上三条围巾和三顶帽子。抹防晒霜还要抹上爷爷的大秃顶，挠痒痒、吓一跳、恶作剧呀什么的，如此等等，每一个场景都透露出这个小男孩是多么的顽皮和淘气。

值得一提的是，书中除了爷孙这两个主角儿之外，还有一只插科打诨的小猫咪，它潜藏在很多画面中，巧妙地呼应书中的故事情节：爸爸妈妈离开时，它悻悻地蹲在院子里看着车远去；爷爷打瞌睡时它趴在爷爷的头顶上呼呼大睡；小朋友和爷爷分别时，它也蹭着爷爷的大腿，一副依依不舍的样子。这样小细节的安排给本书增加了很多的情趣。

这本书的故事非常紧凑，简简单单的一句话就描摹出了一个完整的故事情节，再配上栩栩如生的图画，鲜活的生活场景一下子就展现在了读者面前。比如那个“唤醒爷爷的绝招”中列出了三种方法：像大力士一样把他举得高高的；挠挠他的鼻子和脚指头；为他哼唱“小宝宝，要睡觉”，把你的嗓门提高，越来越高。每一句话都是一种动态场景的描述，而静态的画面又把这种情景定格下来，既简单明了又生动有趣。这样的叙述方式贯穿全书，读者在翻看时，感觉就像放映幻灯片一样，翻一页书，过一个场景，节奏明快，非常过瘾。

我家的小朋友由衷地喜爱这本书，缠着我念了一遍又一遍，好多地方还会忍不住呵呵地笑起来。仔细想来，最根本的原因在于这本书贴近小朋友的生活，哪个小朋友不喜欢藏猫猫和踩水花？哪个小朋友不喜欢给大人捣捣乱搞搞怪？哪个小朋友不喜欢大人和他一起玩一起疯呢？

书中的爷爷十分慈爱，他配合小朋友玩各种各样的游戏，他任由小朋友在他身上胡乱地折腾，他总是那么笑眯眯，不吼也不生气。这样的爷爷哪个孩子会不喜欢呢？怪不得告别爷爷时，小朋友又是送礼物，又是亲又是抱，还要最后问一句“哪一天，我能再做一回爷爷的保姆？”

一个人小鬼大的小男孩加上一个慈爱有趣的老爷爷，成就了一本绘声绘色的图画书，一个角色互换的小故事折射出一份爱意浓浓的祖孙情，幽默又动人，强烈推荐！

34

到底什么时候就寝呀?

——《再过 10 分钟就睡觉》

10 分钟能干什么呢?悠闲地喝杯咖啡?激烈地千米长跑?抑或是冲着天空发一会儿呆。掰着指头想一想 10 分钟应该是干不了什么惊天动地的大事,不过有人要利用这 10 分钟进行旅行。嘿!那个小孩儿,你到底什么时候能就寝呀?——《再过 10 分钟就睡觉》,文/图:佩吉·拉特曼,译:蒲蒲兰,二十一世纪出版社 2011 年出版。

一位爸爸坐在沙发上看着报纸,他对着儿子发出警告“再过 10 分钟就睡觉”。可是小男孩的宠物仓鼠却在电脑上发出了公告“仓鼠们注意啦!睡前 10 分钟的旅行要开始了。”仓鼠爸爸和妈妈带着 10 只小仓鼠浩浩荡荡地来了。他们和男孩一起尽情地玩乐。没想到当爸爸喊出“还有 5 分钟就睡觉时”,更庞大的仓鼠大军来了,这群疯狂的仓鼠闹了个人仰马翻,耍了个不亦乐乎。当钻进被窝的小男孩终于大吼一声“该睡觉啦!”,仓鼠们终于停止了玩闹,结束了旅行。

这本书的图画非常精彩,细节之处,生动活泼。尤其是仓鼠一家,每一个都个性十足。仓鼠爸爸是拍照达人,拿着个相机咔嚓咔嚓地四处拍个不停。1 号仓鼠喜欢踢球,2 号仓鼠特别黏人,3 号 4 号是对双胞胎,干什么都在一起。5 号仓鼠到哪里都拽着个由别针,6 号仓鼠喜欢顶东西。

海绵宝宝

7 号仓鼠追随老爸，爱好拍照。8 号喜欢钻洞，9 号喜欢爬高，10 号是个小宝宝，坐在婴儿车里咿咿呀呀。尽管这些仓鼠就那么一点点，但是每一只都描绘得活灵活现、栩栩如生。

这是一本值得仔细探究的书，细节众多，信息量很大，可以一边翻阅一边寻找，当你和小朋友头挨头地凑在一起，为发现一个有趣的细节而欣喜不已时，亲子共读的乐趣就凸显出来。况且小孩子还会兴高采烈地自己发现新大陆呢，比如书中的那个男孩，他的睡前故事书竟然就是这本《再过 10 分钟就睡觉》；那些结束旅行的仓鼠们回家时可是带走了男孩的一只拖鞋；仓鼠妈妈在做第 11 号仓鼠服，肯定是有新的宝宝要出生啦……

这本书节奏对比鲜明，一边是老爸紧锣密鼓地催促“再过 10 分钟就睡觉”“再过 9 分钟就睡觉”“再过 8 分钟就睡觉”……另一边则是男孩和仓鼠们不紧不慢地纵情玩耍，哪怕只剩下 1 分钟了，他们也要在浴缸里玩乐一番。这像极了生活中的孩子们，大人都着急得火上房了，孩子们却磨磨蹭蹭地光想着玩。可是谁家的孩子不贪玩，哪家的孩子不淘气呢？书的扉页上写着“赠给‘烦人’的男孩儿们”，可是这些“烦人”的孩子们哪个不是家里“可人”的小宝贝儿呢！

35

成长过程中的小烦恼

——《山米的新发型》

每个孩子在成长的过程中都会有一些磕磕绊绊，丢了东西的小伤心，没有朋友的小失落，答不出问题的小困惑，等等，那些成人眼里芝麻绿豆的小事情在孩子心中可能就是一块沉沉的大石头。这不，一个叫山米的小朋友遭遇了发型的烦恼。《山米的新发型》，文：［比］安妮卡·麦森，图：［比］法蒂玛·沙拉菲丁，译：漪然，湖南少年儿童出版社 2014 年出版。

“我的发型太可怕了！我的耳朵变大了！我的鼻子变长了，我的眉毛变粗了！我可不要顶着这么一颗脑袋去上学！同学们会把我笑死的啊！”山米盯着镜子里的自己惨叫着。新理的发型让山米感觉糟糕透顶，他找到一顶帽子把自己遮了个严严实实，上课、午餐、休息时都戴着帽子，可是踢球的时候脚底一滑，帽子飞了出去，同学们会像山米想象的那样嘲笑他的新发型吗？……

“山米讨厌理发”，翻开书的第一句话就给这个故事定了一个基调，这注定是一次不愉快的经历。本书的作者是绘画的高手，寥寥几笔就把山米描绘得栩栩如生，竖起来的眉毛、向上翻看的眼神、噘起来的嘴巴、拧巴的鼻子以及那耸起来的肩膀，每一个细节都揭示出了山米对理发这件事是多么的不情不愿。再加上一些客观因素的影响，个子太矮看不到镜子里的自己，只能听到咔嚓咔嚓的理发声，以及理发师没有征求意见的自作主张，这些都导致了山米看到镜子里的自己时瞬间崩溃。故事的这些前期铺垫让我们理解了山米为什么会对新发型有如此激烈的反应。

不过故事有一个明媚的结局。当摔倒在地上的山米，傻傻地等着大家取笑他时，他听到的却是，“你还好吧，山米？”“你的腿没摔坏吧？”“你还能站起来吗？”大家的关心和问候让山米放松下来，他开始和大家一起玩球，再也没戴帽子。

这个来源于生活的小故事很容易让孩子们产生共鸣，山米的小烦恼想必也是很多小朋友成长过程中的烦恼。不愿洗头、不愿理发，讨厌被控制、讨厌被胁迫，这是每个孩子都会经历的事情，山米的故事告诉小朋友们好多事情没有想象的那么复杂，坦然地面对它，一切都会过去的。当然这个故事也给大人一个提醒，在涉及孩子自己的事情时，一定要征求一下小朋友的意见，每一个人都是一个独立的个体，即使是一个小小孩儿也是应该被尊重的。

这个平铺直叙的小故事中还渗透着很多小幽默，比如那个秃顶的胖理发师，比如那只趴在理发店里的斑点狗，还有书的前后环衬中山米试戴的各种各样的帽子，这些都给本书增添了很多的小情趣，就像故事的结局一样，那些成长路上的小烦恼终究会在关爱面前豁然开朗。

36

成长绘本

——《海边的早晨》

孩子是怎么长大的呢？从咿咿呀呀地哭个不停，到摇摇晃晃地学着走路，从那么一点点稀疏的头发到亭亭玉立地站在你的面前，每一个阶段都会有标志性的事件，会翻身了，会坐着了，会叫妈妈了，再大一点就会遇到书中的情形——“换牙”，这可是长大的一个重要标志呦！成长绘本《海边的早晨》，文 / 图：罗伯特 · 麦克洛斯基，译：崔维燕，二十一世纪出版社 2009 年出版。

一天早晨，小姑娘塞尔洗漱的时候发现有一颗牙活动了，她惊慌失措地去找妈妈，原来塞尔要“换牙”了。“换牙”对小孩子来说可不是个小事情，整整一天，小塞尔既兴奋又不安。糟糕的是在帮爸爸挖蛤蜊的时候，那颗活动的牙不知道什么时候掉了，找也找不到，小姑娘既伤心又焦虑，她还想着把那颗牙压在枕头底下许个愿望呢，这可怎么办呀？

孩子大了就是大了，塞尔没有在“丢牙”这件事上过分纠结，她还是按照计划和爸爸、妹妹一起去了巴尔港，尽管她和遇到的每一个人都谈论自己掉牙这件事，但是“自己已经长成大姑娘了”这个信念还是鼓舞了她，她在感受成长的烦恼的同时也在体会着长大的快乐。

刚一打开这本书，小朋友一下子就想起了那本《小塞尔采蓝莓》，两本书是同一位作者，画风近似，连主角儿的名字都一样。只不过那个穿着背带裤、拿着小水桶和妈妈一起去采蓝莓的小塞尔长成大姑娘了，遇到了“换牙”的问题。第一次遇到“换牙”这个事，塞尔还是比较紧张的，你看她不管见到谁都要跟人说说那颗活动的牙齿，哪怕是飞翔的大鹗、水中的潜鸟还有好奇的海豹。没想到，看到这里，我家小朋友推而广之，提出了一个严肃的问题：“妈妈，是不是所有的鸟类都没有牙齿？”“啊？”我有点发懵，这个问题我可不能草率回答，我得好好查查，我的知识面就是被这些稀奇古怪的问题拓宽的。

小塞尔真的是长大了，她不仅个子长高了，还会照顾妹妹，还能帮爸爸妈妈做事。这些都让小朋友非常羡慕，熄了灯，要睡觉了，她还嘟嘟囔囔地谈论着换牙这个事。经过了一系列的折腾，宝贝儿还是没有睡意，后来我有点严厉地告诉她：“太晚了，你赶紧睡觉，你睡着了妈妈还得写书呢。”没想到宝贝儿说：“妈妈，你去写书吧，我自己睡，我已经长大了。”哦，这让我很意外，难道我家宝贝儿独立睡觉就这样轻轻松松地来了！

可是当我安安静静地翻书时发现卧室的门开了一个小缝隙，一个小脑袋瓜在偷偷地看我，这个小家伙儿自己还是睡不着。当我重新返回卧室，守着这个淘气的小宝贝儿时，我们也有了一个约定：等到换牙的时候一定要自己睡。宝贝儿，妈妈这儿可是有记录有证据的，到时候你可一定要实现诺言呦！

孩子就是这样撒着欢儿一点点地长大了，她们兴奋又快乐地离我们渐行渐远。做父母是有有效期的，孩子小的时候还是尽可能地多陪伴吧，陪伴是最长情的告白，让爱不留遗憾！

37

羞涩的女生

——《西红柿女孩》

什么样的女孩会是西红柿女孩呢？哦，原来是那种非常非常害羞，只要有人叫她的名字，就会马上变得满脸通红，红得像西红柿一样的女孩子。《西红柿女孩》，文／图：［法］露荷·蒙路布，译：武娟，新世纪出版社 2014 年出版。

可怜的米乐就是那个西红柿女孩，她害羞、胆怯，上课回答不出问题，对别人的友好说不出谢谢，甚至邻居家的小朋友来她家玩，她都害羞得不知所措。她从来不敢和同学们一起玩，同学们也不愿和她一起玩。难道这个绰号叫西红柿的米乐，就这样一直害羞下去吗？

改变需要契机。最最可怕，最最悲惨，最最让人担心的事情出现了，米乐要在全班同学面前背诗。同学们在课堂上叽叽喳喳地叫着西红柿嘲笑着她。米乐的腿发软，心乱跳，恨不得自己马上消失。老师的出现终止了这场喧闹，也让米乐找回了自信。当米乐张开嘴，背出那首叫《小鸟》的诗后，同学们都惊呆了，原来米乐的声音那么好听。从此，米乐也有了一个新的外号“米乐小百灵”。

西红柿女孩的故事让我想起了宝贝儿刚上幼儿园的经历。宝贝儿虽然没有米乐那么的害羞，但她还是个比较内向的孩子，胆子小，声音小，

弱弱的，怯怯的。记得有一次放学回到家，宝贝儿特别兴奋，她说老师表扬我了，全班的小朋友都给我鼓掌着。我以为她做了多么伟大的事呢，原来只是因为她上课回答问题声音大，看来这个小小的鼓励对孩子来说都是异常重大的事情。一年的幼儿园生活，孩子确实进步不小，爱说爱笑了，在期末的节目会演中还担当了情景剧的小主角儿呢。这个羞涩的小小人儿就像书中的米乐一样最终快乐地融入了集体生活。

关于害羞的话题，我和小朋友有过小小的讨论，我非常诚恳地告诉她，妈妈也曾经是西红柿女孩。尤其是妈妈第一次给 200 多人上课的时候，也像米乐背诗一样紧张得睡不着觉，甚至梦里都在找讲义。没想到像妈妈这么大的人也会有羞怯的经历。宝贝儿一下子就释然了，她甚至鼓励我，妈妈你要加油哦！

宝贝儿，我们每个人都有权利紧张、害羞、胆怯，最重要的是要学会战胜自己。我们总会遇到陌生的人，遇到陌生的世界，只有内心的强大才会让你无所畏惧。人生的路还很长，宝贝儿，你也要加油哦！

38

写个情书真费劲

——《不会写字的狮子》

“妈妈，什么是传教士呀？”“妈妈，你知道吗，屎壳郎会洒香水。”小朋友从一放学就兴奋地叽叽喳喳个没完。咦？这些稀奇古怪的想法缘何而来，又从何而起呢？原来幼儿园的老师给他们读了一本书，《不会写字的狮子》，文 / 图：［德］马丁·巴兹塞特，译：赖雅静，河北教育出版社 2013 年出版。

狮子不会写字，可是他才不在乎呢，他觉得会大声吼叫，能露出又尖又利的牙齿就足够了。有一天它遇到了一头美丽的母狮子，它想给母狮子写信，他想表达爱意。可是狮子不会写字，它求人帮忙代写信件，猴子、河马、屎壳郎、长颈鹿、鳄鱼、秃鹰都尽心尽力地为狮子炮制了完美的情书。屎壳郎还绞尽脑汁地在信上洒了香水，这个细节太搞笑了，怪不得小朋友会念念不忘呢。

每个动物都是按照自己的意愿表达了爱意，猴子觉得香蕉好吃得不得了，鳄鱼觉得在河里游泳寻找海藻很惬意，屎壳郎看重的是粪便，秃鹰喜欢腐肉。可是每一封信的内容都不是狮子想要表达的本意，他气得又吼又叫。书的最后，结局还算温馨，母狮子用鼻子轻轻地碰了碰不会写字的大狮子，把他带走了，并且开始教狮子写字。

这本书在装帧设计和文字排版上有很多可圈可点的地方。整个封皮设计成了信件的模样，封面上贴着邮票，扣着邮戳，边角处若隐若现人的指纹，一看这封信就是辗转经过了很多人的手，而且封底上赫然写着寄信人的名字（当然寄信的人就是本书的创作者喽！）。书中前后环衬上画着各种各样的邮票，细心的小朋友会发现这些邮票中的图案在书中的故事里都出现过。我家小朋友还注意到了后环衬比前环衬多了一支笔，这支笔逼真得就像直接放在书页上一样。

书中狮子生气怒吼时，特别爱说“不对不对不对！”“我才不会这么写呢！”“气死我了！气气气死我了！”书中把这些字都设计成了鲜艳的红色，而且随着怒气的增加，字体越变越大，读者在朗读时，会不自觉地随着这些渐变的字体提高声音，当我绘声绘色地给小朋友演绎这个角色时，这个小妞总是很兴奋。当然这本书也带来了一个负面后果，只要不顺心小朋友就会大声嚷嚷“气死我啦！”不过我会顺势逗逗她，“原来你是那只不会写字的狮子呀！”

最近幼儿园的老师一直在督促小朋友们学写自己的名字，估计老师给孩子们念这本书正是想借助“这头不会写字的大狮子”来激励小朋友们。5 岁左右的小孩子正处于识字和书写的敏感期，借助“绘本”这个媒介对孩子们给予一定的引导应该是很有意义的。

今天早晨送孩子入园，我专门在孩子们的作品前停留了片刻，看着孩子们歪歪扭扭的字体，想想那稚嫩的小手握笔的模样，深感学校教育的温暖。这个时代出生的孩子应该极少会出现“不会写字的狮子”的情况，也许正是因为他们读过这样的书，接受过这样教育的滋养，他们才会在阳光下更加茁壮地成长。

39

蚯蚓男孩儿的趣味生活

——《蚯蚓的日记》

一条小蚯蚓，它钻地道，它吃垃圾，它没有牙，它不洗澡，但是它帮忙照顾了我们生存的地球。一名小男生，他有自己的死党朋友，他得上学做功课，他还会时不时来个恶作剧，他的小狡黠和小心思带给了我们幽默和诙谐的生活气息。《蚯蚓的日记》，文：［美］朵琳·克罗宁，图：［美］哈利·布里斯，译：陈宏淑，明天出版社 2013 年出版。

这本书是一本货真价实的小男生日记，加上封底上的记录，里面一共有 18 篇日记。日记的内容涉及蚯蚓男孩儿的诸多琐事，学校生活、家庭趣事、朋友嬉闹，零零碎碎点点滴滴。当然每一天的生活都有小情绪在里面：担心被人踩到的惊恐、被老师惩罚的沮丧、吓唬别人的得意、揶揄姐姐的狡黠，等等。乐观开朗又善于自嘲，调皮恶搞又不忘幽默，这个蚯蚓男孩儿身上有一种让人喜欢的气质。

在形象上，这本书中拟人化的设计非常巧妙，细细长长的小蚯蚓，画上鼻子画上嘴，寥寥几笔一勾勒就灵动起来，再加上一些小配饰，蚯蚓一家活脱脱地展现在了我们的眼前。那个头上系着蝴蝶结的是蚯蚓姐姐，戴着眼镜的是蚯蚓爸爸，头顶老头帽的是蚯蚓爷爷，当然最突出的还是那个蚯蚓男孩儿，它的头上戴着一顶小红帽。

在小朋友 3 岁左右时我们就一起亲子阅读过这个故事，因为当时孩子小并没有见过真正的蚯蚓，所以对这个名字很陌生，也没有记住书名。突然有一天她嚷嚷着要看小红帽的书，我当时的第一反映是“小红帽和大灰狼”的故事，但却不是那本。孩子一边比画一边说，反复强调小红帽、小红帽，正当我百思不得其解时，她又来一句，“就是细细长长的那个”，我一下子就豁然开朗了，原来是这本《蚯蚓的日记》，看来书中蚯蚓男孩儿的形象还是非常特别和突出的，不识字的小孩子一下子就把这个有趣的男孩形象印在了脑子里。

日本的图画书之父松居直先生曾说“讲究环衬才是真正的做书”(《我的图画书理论》)，而这本《蚯蚓的日记》前后环衬所展示的内容不仅仅是“讲究”的问题，更是全书内容的一个完美的补充，大大小小的图片内容非常繁杂，考试的成绩单、自创的漫画，还有诸多的人生第一次，第一天上学、第一条地道等等。前后环衬所展示的内容就像一个小孩子的成长纪念册一样，记录了蚯蚓男孩成长过程中的诸多重要时刻。读者阅读时一定不要错过这些精彩的细节。

读过这本书的人大多都会对书中有趣的画面念念不忘，尤其是那些搞笑的情节，比如蚯蚓男孩站在路边对 600 只蚂蚁说早安，比如他嘲笑姐姐的脸永远长得和屁股一个样，比如封底上那句“我有一种被偷看的感觉”。我家的小朋友最近又开始迷恋这本书，自己读的时候总是会呵呵地笑起来。她现在处于幼儿园大班的最后一个学期，在学习拼音和简单汉字的书写，老师要求他们写阅读记录（形式非常简单，就是从读过的书中找认识的字和拼音记录下来），这时可以选择一些图多字少又非常有趣的图画书让孩子自己阅读，鼓励他们自己做记录。而这本《蚯蚓的日记》本身就是一个做记录的绝好范本，当然还可以当作小朋友练习写日记的前奏哦。

这本书的巧妙之处在于把蚯蚓和男孩儿巧妙地融合在了一起，我们不仅了解了蚯蚓的外貌特征、生活习性以及它们对地球的贡献，也见识了一个活泼有趣的小男生。这种融知识和趣味于一体的做法使这本书从

小老鼠

众多的童书中脱颖而出，而那些大大小小的荣誉也足以见证这本书的优秀品质。

相信读过这本书的小女孩儿们，在面对那些跑出地面的蚯蚓时一定不会再吓得哇哇大叫，因为她们知道这是蚯蚓在故意搞怪嘛！而那些胆大又调皮的小男孩应该也不会再玩什么切蚯蚓游戏，因为他们知道蚯蚓虽然非常小，但是它帮忙照顾了我们的地球。而当我们大人合上书的那一刻，映入脑海中的则是一个背着书包、掐着兜，不时踢踢路上石块的小小少年行走在放学的路上。

40

约翰派克罗门麦肯席的故事

——《迟到大王》

一位严厉的老师，一个倒霉的学生，一些稀奇古怪的遭遇，一个具有讽刺意味的结局。你上学迟到过吗？你被老师责罚过吗？一起来看看《迟到大王》的迟到故事吧，文/图：［英］约翰·柏林罕，译：党英台，明天出版社 2010 年出版。

“约翰派克罗门麦肯席”，书中的男孩竟然用了这么长长的一个名字，读起来磕磕绊绊的。查了查英文原著，书名就是 John Patrick Norman McHennessy — the boy who was always late。原来这么一长串的名字是作者有意为之，也许著者就是想用这些普通名字的堆砌来揭示主人公的遭遇是很多孩子都会遇到的普遍现象吧！

约翰派克罗门麦肯席走路去上学，可是他总是遇到一些意外的干扰，鳄鱼咬住他的书包、狮子咬破他的裤子、巨浪险些冲走他，这一次次的意外害得他一次又一次地迟到。而每次迟到，他和老师解释遇到的情况时，老师都不屑一顾，认为他在说谎，结果呢，这个可怜的男孩一次又一次地被惩罚……

本书刻画的两个人物对比鲜明。老师的形象非常清晰，头戴黑色博士帽，身穿黑色博士服，尖刀鼻子，金鱼眼，手里还拿着一个文明棍。

这个强势的老师最爱做的动作是用一双大手敲桌子，他最常见的表情是面目狰狞地嗷嗷大叫，他恼羞成怒时张牙舞爪一蹦三尺高。而男孩约翰派克罗门麦肯席的形象则非常的模糊，很多时候他都是一个侧影，我们只能看出一个瘦瘦小小的轮廓，甚至都不能描述出他的五官到底长什么样子。一个凶猛权威，一个弱小无助，故事就是在这一大一小两个人物中展开的。

本书的故事采用重复式的叙事节奏，去上学→遇意外→迟到→被惩罚，每次情况都一样的，而且除了故事的基本架构重复外，语言叙述和表述逻辑也是重复的。“约翰派克罗门麦肯席走路去上学。”“约翰派克罗门麦肯席急急忙忙赶去上学”“约翰派克罗门麦肯席急急忙忙地走路去上学。”“这附近的下水道里哪里会有什么鳄鱼”“这附近的树丛里哪里会有什么狮子”“这附近的小河哪里有什么巨浪会把人冲到桥下去”。其实这样的反反复复是为后面出人意料的结尾做铺垫的。当约翰派克罗门麦肯席终于准时到校时，没想到老师被一个毛茸茸的大猩猩抓到了屋顶，当他请求男孩救他下来时，那句“这附近哪里会有什么毛茸茸的大猩猩”，太有讽刺意味了，有种以其人之道还治其人之身的痛快之感，而且翻到最后一页作者又来了一句“约翰派克罗门麦肯席走路去上学”，有一种神补刀的效果。

约翰 · 柏林罕的绘画总是给人潦草、模糊的感觉。这本书也一样，细节上一点都不考究，我们看不清主人公的脸，我们分不清那些浓重的背景到底是个什么，但是当主人公走路去上学时，作者运用了大面积的明黄、嫩绿等鲜亮的色彩，这向我们展示了小孩子心中瑰丽的奇幻世界，同时也和没有任何底色的学校环境形成鲜明的对比，这和文章的主旨非常契合。作者曾经说过，把人、动物或任何一件事物画得像不像并不重要，重要的是把精神意境表达出来，显然这本书贯彻了这样的创作理念。

另外，需要注意本书的前后环衬，上面密密麻麻写满了“我不可以说有鳄鱼的谎，也不可以把手套弄丢”，这是老师惩罚约翰派克罗门麦肯席时要求写的文字，上面还有一团团涂抹的痕迹，最有趣的是从第九遍开始“把手套弄丢”就变成了“把手套弄去”，这个心不在焉的男孩当时一定觉得既无聊又无趣吧!

这是一本非常特别的书，因为它是目前为止唯一一本孩子先读而我未读过的书。那天小朋友从幼儿园回来，强烈要求看这本书，还大肆渲染这本书多么的好玩，多么的有趣。我当时很纳闷到底是本什么样的书让孩子如此着迷。其实读完第一遍时，我有些隐隐的担心，竟然有人在书中那么丑化和揶揄老师的形象，这会不会对孩子们造成不好的影响，其实小孩子并没有太多的道德和评判意识，主人公叽里咕噜的长串名字、稀奇古怪的遭遇以及逗人的情节才是吸引她的原因，而且上学迟到这个事她也时有发生，估计在她的潜意识里也有自我发泄的成分。

这本幽默中渗透着讽刺意味的书对每一位教育工作者都是一面镜子，想想你在孩子心中的形象是什么样的，想想你真正走进孩子的内心了吗？这本书正好给我们提供了一个反思的契机。

第三章
滋润心灵的力量

每一本书都是一扇门

孩子们小心翼翼地推开

发现这个世界有那么多昂扬向上的气息

这里不仅有小幸福，还有大梦想

这里不仅传递爱与正义

还有榜样的力量

这里带给他们滋润心灵的力量

41

一只特立独行的鸭子

——《鸭子骑车记》

一个晴朗的下午，一辆漂亮的自行车，一只疯狂的鸭子，一场动物们的集体狂欢，经典绘本《鸭子骑车记》，文/图：［美］大卫·香农，译：彭懿，新星出版社2017年出版。

农场里停着一辆红色的自行车，一只鸭子托着下巴叉着腰，若有所思，忽然它冒出一个疯狂的主意：“我打赌我会骑车。”鸭子真的骑了起来，开始很慢，左摇右晃。后来，它蹬得快了一点，再后来它竟然单脚站在车座上，最后它都敢撒开车把了，真是一只勇于尝试、敢于冒险的鸭子。

这是一个妙趣横生的故事，那么小小的一只鸭子竟然想要骑自行车，这个疯狂的主意不仅引起了一阵阵骚动，最终还带动了一群动物一起疯狂。书中的叙事结构采用了不断重复的模式。鸭子骑上自行车→和遇到的动物打招呼→动物们回应一声→动物的心理描述。伴随着九种动物的出现，这样的叙述方式也进行了九次，而在这种结构的重复中又有内容的不断变化，这就像播放幻灯片一样，在一个统一的背景模板下，不同的内容一页一页地翻过。

内容的有趣是本书的一大亮点。关于鸭子骑车，动物们的想法各不相同：母牛认为这是一件愚蠢的事；绵羊比较胆小，担心鸭子会受伤；狗很兴奋，追着自行车跑；猫一副爱搭不理的样子；马很高傲，不屑一顾；母鸡吓得四处逃窜；山羊头都不抬，光想着吃；猪哼哼唧唧；老鼠艳羡不已。这些动物们的表现简直是众生百态，羡慕妒忌恨样样都有。

在众多的分镜头之后，一个契机让所有的动物都集中在了一起。一大群孩子骑着自行车呼啸而来，他们把车停在门前，进屋去了。动物们都瞪圆了眼睛盯着自行车，那股子兴奋劲儿简直按捺不住！后来呢，在谷仓旁的空地上所有的动物都骑上了自行车，他们异口同声地赞美鸭子的主意真棒……

本书的绘画色彩浓烈，蔚蓝、明黄、草绿、赭红、深棕等大块色调的搭配浑然大气。而动物们的眼神和表情又那么的生动传神、动感十足，那只猫，闭着眼睛、伸着舌头、舔着爪子躺在画面里，那副慵懒的小模样儿简直是醉了。那匹马从马厩里探出来，歪着头、斜着眼、龇着牙、咧着嘴，那鄙夷不屑的神态简直没谁了。还有那群骑着自行车的孩子们，他们满脸兴奋、勇往直前的样子，让整个画面张力十足。

本书的主角儿是只鸭子，相对于其他人高马大的动物来说，它不算大，那么怎么在有限的画面里清晰地表现这些人物形象呢？绘者是变换视角的高手，他从不同的角度来透视人物之间的关系：有局部的特写，比如鸭子遇到壮硕的母牛时，画面中是一个大大的牛头和鸭子在一起；有全景的描绘，当鸭子遇到狗时，一只大大的黑狗在画面里追着鸭子跑；有远景的勾勒，那只猫横亘在画面的前半部分，而鸭子骑车则成为一个远去的背影。有的画面更是韵味十足，山羊啃食着散落的垃圾，而右边一角只出现了自行车的半个轱辘，尽管鸭子并没有出现，但是谁会不知道鸭子曾经来过呢！每一个画面都像有专业的摄影师跟随一样，找准角度，定点拍摄，瞬间定格。

值得一提的是，这本书的中译本比英文原版更胜一筹，彭懿老师的翻译简洁有力，生动地传达出了原文的情趣和旨意。而在封面的设计上“鸭子骑车记”这个书名，则充分利用了汉字象形的特点，在字形上做

希腊陶罐

了“手脚”，鸭子的嘴巴、脚掌以及那圆圆的车轮都嵌入了书名之中，有着锦上添花的效果。

这本生机盎然的书带给小孩子们无比的快乐，他们欢快地模拟着书中动物们的叫声，他们兴奋地找寻哪个动物到底骑了哪辆自行车。这只疯狂的鸭子带疯了一群动物，也带飞了小朋友的心情，她那么的兴致勃勃、欢呼雀跃。但是你以为故事就这样结束了吗？没有，在最后一页，那只特立独行的鸭子又开始对一辆拖拉机想入非非。要是有一天你在大马路上看到一只鸭子在开拖拉机，千万不要奇怪呦！

生活难道不就应该这样嘛？热情地投入，大胆地尝试，勇敢地坚持。

42

世界上最不寻常的职业

——《遮月亮的人》

为什么天上有时会是一弯新月，有时会是一轮满月，为什么会有上弦月和下弦月，为什么会有蛾眉月和张玄月，原来世界上有一个不寻常的职业——《遮月亮的人》，著：［法］埃里克·皮巴雷，译：戴磊，北京科学技术出版社 2014 年出版。

老扎莫隆从事遮月亮这门职业已经将近三百年了，他已经累得精疲力竭了。终于有个叫提莫隆的小男孩通过了无比艰难的遮月亮考试，可以接替老扎莫隆了。可是他居然弄丢了能让他飞上月亮的小药丸。城市里的好心人想出了各种各样的办法帮助他，最终小女孩克罗爱提出的搭人梯的方法成功地把提莫隆送上了月亮。从此以后，所有人都睡得很香甜、很安稳……

这本书充满了令人惊喜的大胆想象，光是设计出遮月亮这个职业就够我们这些读者惊讶和叹服的了。当我们仰望星空，面对皎洁的月亮，想象着上面竟然住着一个遮月亮的人，他不辞劳苦地为我们遮出月牙儿，让我们感觉时间的流逝，我们是多么的幸福。

不仅仅如此，为了把提莫隆送上月亮，人们做出了各种各样的努力和尝试：坐上纸飞机飞上去，绑在大风筝上放上去，巨大的弹簧弹上去，大大的肥皂泡吹上去、铅球运动员抛上去，三百只麻雀拽上去，巨大的弹弓弹上去。这里面涉及了好多不同的职业，报童、玩具商、钟表匠、吹玻璃的工人、铅球运动员，等等，他们都根据自己的职业特点想出了不同的方法。作者在创作这几页时，无论在人物形象的设计，还是故事情节的安排上都进行了适度夸张，这种来源于生活又高于生活的表现手法既能突出人物的典型特点，又能产生耳目一新的艺术效果。这也就是为什么我们家的小朋友记住了那个穿着背带裤的小报童和身材壮硕的铅球运动员，而且对玩具商帽子顶上冒着白烟的玩具小火车和钟表匠头上的那个弹簧小鸟总是念念不忘。

这本深蓝色的书充满了神秘的色彩。书中弥漫着各种各样的蓝，蔚蓝、湛蓝、钴蓝、藏蓝、湖蓝……颜色的深浅变化和对比融合都给我们营造了一个静谧又深邃的夜空氛围，而在这些大面积的同色系中又适时添加了几抹靓丽的对比色，银白色的月亮、黄绿色的草地，赭红色的屋顶以及那些穿着各异的人物等都能带给我们视觉上的跳脱和冲击，而我们也从这本书中感受到了色彩的唯美和浪漫。

这本书在文字排版上非常的特别，横排的、竖排的、斜排的，圆弧形的、拐着弯儿 S 形的，文字和绘画巧妙地搭配，相得益彰。我们看到玩具商达芙内想用放风筝的方式把提莫隆送上天时，文字齐刷刷地往右上角倾斜，就像被吹上天一样，而提莫隆掉下水塘时，文字沿着风筝的线顺势 S 形下落，我们都忍不住调转书的方向跟随文字一起滑落。

这是一本滋润心田的书，我们看到小提莫隆即使在树丛中摔得鼻青脸肿，还依然大喊着“月亮，我来啦！”我们看到尽管一次次地失败，这个小男孩依然努力地进行各种各样的尝试，勇敢和坚持、智慧和勇气是多么难得的品质。当我们翻开那个大大的竖开页，看到人梯上每一个人努力向上托举的样子时，我们感受到了爱心和团结、友谊和力量。整本书弥漫的昂扬向上的气息温暖和激励着我们每一位读者。

读完书，小朋友还给我唱了一首《小白船》：蓝蓝的天空银河里 / 有只小白船 / 船上有棵桂花树 / 白兔在游玩 / 桨儿桨儿看不见 / 船上也没

菊花

帆 / 飘呀飘呀，飘向西天……夜色渐浓，小朋友终于沉沉地睡着了，再一次翻看这本美轮美奂的书，耳边回想起那稚嫩清脆的童音，我不禁走到窗前，抬头望月，思绪一点点飘散开来，如果世界上真的有遮月亮这门职业，会有人愿意去做吗？那么的劳累，那么的辛苦，可是能让夜空变得更美、能让人们睡得安稳又是多么高贵的人生理想呀，相信一定会有人愿意去做。

43

这个阿婆太厉害

——《怕浪费婆婆》

盘子里的剩菜、碗里没吃干净的米粒、一直开着的水龙头、揉成团的一堆纸、到处乱扔的铅笔头……这也太浪费了吧！不用担心，《怕浪费婆婆》来啦，文 / 图：［日］真珠真理子，译：蒲蒲兰，二十一世纪出版社 2009 年出版。

让我们先看看这个“怕浪费婆婆”的光辉形象：头上挽着一个发髻还插着一个老式的簪子，戴着一副圆圆的老花镜还时不时地来个睥睨的眼神，一身旧式的衣服老土又保守，还有那沧桑的皱纹以及手中拄着的老拐棍儿，一看封面就知道这是个事儿多又执拗的小脚儿老太太。

怪不得叫她“怕浪费婆婆”呢，她的眼睛里揉不进一粒沙子，哪怕是一点点的浪费都逃不过她的法眼。就连小宝宝脸蛋儿上的米粒也要舔一舔。她摁着小宝宝的头大声地说：“一杯水还不够吗？太浪费了！”吓得小宝宝都哇哇地哭了。

这个婆婆一直是凶巴巴的吗？当然不是喽！她还是个智慧的老太太呢。皱皱巴巴的纸团，咔嚓咔嚓地剪、吧嗒吧嗒地贴，一下子就做成了一个怪兽纸偶；各色的铅笔头绑在一起就做成了一个彩虹铅笔；橘子皮晒干后放进浴缸就是热乎乎的橘子浴。这个能够变废为宝的老婆婆还真

梅花

是不简单呢！

这本书文字部分非常简单，每一页就简简单单地两三句话，小孩子念完几遍后都能背过来。那句“太浪费了”在文中反复出现，既引领故事情节的发展，又有童谣般的回环之美，还强调了文章的主旨，可以说是点睛之笔。书中的图画特别的生动有趣，人物形象个性鲜明，绘画手法夸张幽默，我们能看到那伸出来的长舌头，那超级长的大手臂，以及那瞪圆的大眼睛，等等，每一页都非常吸引眼球，小孩子会被这些画面深深地吸引而乐享其中。

在我们反复的阅读中，小朋友注意到了一个细节，就是这个“怕浪费婆婆”的嘴巴，在书中好多页里作者竟然把嘴巴直接画成了一个箭头，或向左或向右或向下，这个有趣的发现让我不禁联想这个老婆婆紧紧收起的嘴巴里肯定没有牙，当我把这个推测告诉小朋友时，小朋友好奇又兴奋。

这本书倡导的节约方法，我们在生活中完全可以亲身实践一下，比如那个彩虹铅笔，比如那个橘子浴。另外这本书也给了我们一个很大的启发，任何的大道理都可以用有趣的方式讲给孩子听，欢乐地给予比硬性地灌输更容易被接受，当然这需要一点点巧思，一点点智慧呦！

44

好心眼儿的大个子

——《城里最漂亮的巨人》

领带给受冻的长颈鹿做围巾，衬衫给山羊的小船做船帆，皮鞋给老鼠一家做房子，袜子给狐狸做睡袋，皮带帮小狗过沼泽地，好心眼的大个子——《城里最漂亮的巨人》，文：［英］朱莉娅·唐纳森，图：［德］阿克塞尔·舍夫勒，译：任溶溶，外语教学与研究出版社 2013 年出版。

乔治是个巨人，城里最邋遢的巨人。他总是穿着同一双棕黄色的旧凉鞋，同一件打着补丁的旧袍子。乔治可不想当城里最邋遢的巨人，他买了一身漂亮的新衣服，成了城里最漂亮的巨人。可是事情不凑巧，他遇到了受冻的长颈鹿，船帆被风吹掉的山羊，房子着火的老鼠一家，睡袋掉到水坑里的狐狸，烂泥粘脚的小狗。乔治把自己的新衣服分给了这些需要帮助的人，他不得不又穿回自己的旧凉鞋和旧袍子，不过那些他曾经帮助过的动物们送给了他一顶美丽的金冠，因为他是城里心眼最好的巨人。

本书的语言亲切活泼，富有韵律和节奏，运用了许多排比和重复的手法，读起来朗朗上口。每次遇到需要帮助的小动物，都是一样的语言模式：“你怎么啦？”“还不是因为……”“要是有……就好了”“别担心，反正……”“谢谢你！”这种具有明显逻辑关系的语言对话在故事中重复了五次，这对于正处于语言敏感期的孩子们来说是非常有益处的。而每次帮助完小动物以后，乔治都会唱起一首快乐的歌。歌谣的内容会因为遇到的小动物而变得愈加丰富，这种一点点逐渐添加的方式既温习了前面的故事情节又增加了趣味性，小孩子很容易熟知和熟记。另外书中的很多用语非常地鲜活，如“邋遢”“乌黑锃亮”“呼哧呼哧”“打烊”等等，这些半熟悉不熟悉的词语可以帮助孩子们积累更多的词汇，扩展他们的语言范围。

本书的主角儿是个巨人，那么怎么在一本 16 开的书里表现巨人的高大形象呢？绘者采用了以小见大的方法。把本书的封面和封底摊开来看，是一幅清晰完整的图画。一双大大的鞋子，一群抬头仰望的小动物，书的封面一目了然地告诉你，这是个大个子的故事。巨人到底有多大呢？他的个头超过了两层高的房子，他的一只鞋子就有半个人高。这样的形象设计为后面故事情节的发展奠定了基础，正因为是巨人，所以他的超大衣服才能做围巾、做船帆、做房子、做睡袋、做小路，图画的生动活泼和想象的合情合理巧妙地融合在了一起。

另外，值得注意的是书中的图画里还藏有很多经典的童话形象，喷泉边那只穿着靴子的猫、街道上那只推着车的小猪以及那行走着的女巫和穿戴整齐的青蛙王子，等等，很多的细节都值得探索和玩味。

这本书适合读也适合演。本书的作者茱莉娅·唐纳森曾经长期为儿童电视节目创作歌曲、编写剧本，她的很多作品都带有戏剧的成分。就像这个巨人的故事，采用的是戏剧冲突中轮番出场的模式。五种动物，五种窘迫的状况，好心眼儿的巨人一一为他们化解，最后各种动物一起出场，来了一个非常圆满的大结局。故事节奏紧凑，重复中蕴含着变换，非常适合表演和演绎，如果找来一些孩子，每人分配一个角色，就成了一出有模有样的儿童剧了。

这是个帮助别人、快乐自己的故事。那个有点邋遢、穿着一点都不讲究的乔治，那么的善良，那么的乐于助人，他金子般的内心和快乐的歌声让我们记住了原来世界上有这样一个好心眼儿的巨人。

45

两本源于同一民谣的图画书

——《约瑟夫有件旧外套》《爷爷一定有办法》

两本书，源于同一民间歌谣，一个获得了美国凯迪克大奖，一个获得了加拿大克里斯堤先生图画书奖。两本书，都阐述了“化腐朽为神奇”的主旨，一个热情奔放，一个温情脉脉。两本书，有对比，没伤害，各有各的美好，各有各的精彩。《约瑟夫有件旧外套》，文/图：［美］西姆斯·塔贝克，译：方素珍，河北教育出版社2008年出版；《爷爷一定有办法》，文/图：菲比·吉尔曼，译：宋珮，明天出版社2008年出版。

“我有一件小小的外套，已经很破旧，不能穿了，怎么办呢？我真伤脑筋，想想我能怎么做。我把它改成夹克，像新的夹克。我有一件小小的夹克，已经很破旧，不能穿了，怎么办呢？我真伤脑筋，我能怎么做。我把它改成背心，像新的背心……现在我什么都没有，我要做什么，没有东西，怎么办呢？我可以唱一首歌，为你唱的歌”这是一首意第绪语（日耳曼语族，大部分的使用者为犹太人）民谣。旧外套改成了夹克，夹克改成了背心，背心改成了领带，领带改成了扣子，最后连扣子都没有了怎么办，你还可以唱首歌、写个故事或做成一本书哟！正是这个流传很久的古老民谣成就了这两本优秀的图画书。

两本书在故事情节安排上，一个简约直白，一个细节丰满。

《约瑟夫有件旧外套》基本上保持了原始民谣的特色，只是增加了约瑟夫去市场、去参加侄子的婚礼、在男声合唱团唱歌、去拜访妹妹一家人等情节，基本上都是用浅显的语言平铺直叙地来记述故事的发展，非常的简单和朴素。

《爷爷一定有办法》中则增加了人物形象，安排了故事冲突。爷爷、男孩约瑟、妈妈构成了主要人物，每每看到衣服又破又旧时，妈妈总会站出来说“该把它丢掉了”，而这时约瑟总会坚定地说出那句“爷爷一定有办法”，爷爷则会拿出剪刀喀吱喀吱地剪，用针飞快地缝进缝出，做出一件新的东西来。书中还增加了很多细节，上学、玩耍、调皮捣乱等孩子们的日常生活轨迹在书中都有呈现，这些情景使故事更加丰满，也给我们带来更多的生活气息。

两本书在绘画风格上，一个深沉中透露着绚烂，一个明媚中暗含着温馨。

《约瑟夫有件旧外套》中以浓重的暗黑色为背景，上面配上橘黄、墨绿、赭红、藏蓝等饱和度极高的颜色，强烈的对比和视觉刺激扑面而来。书中的绘画则是采用儿童画的手法，不讲究透视和比例，忽略画法和技巧，处处体现着拙朴之美。约瑟夫每每改造完衣服后都会去公共场所炫耀一番，图画的颜色鲜艳明快，带给人一种愉快和狂欢的气息。再加上公鸡、火鸡、鸭子、猫咪、奶牛、大马等各种动物的呆萌眼神，以及各色人等花里胡哨的衣服色彩，带给我们非常愉悦和跳脱的视觉体验。

《爷爷一定有办法》以淡雅的原木色为主色调，画面生动逼真，手法精致细腻，人物的表情、动作以及生活场景都活灵活现。我们甚至能感觉到约瑟一家的基本生活状态：他们住在一个二层的木屋里，爸爸是个鞋匠、爷爷是个裁缝。他家门前有一条鹅卵石铺就的小路，离家不远有一条小河。约瑟在一个非常温暖和睦的家庭中长大的。透过那些图画，我们能亲身感受到普通人家日常生活中温暖温馨的气息。

两本书都有自己独特的设计，一个以别致的“洞洞”取胜，一个以页脚的“小老鼠一家”获赞。

《约瑟夫有件旧外套》中随着衣服的不断改造，页面上出现各种各样的洞洞，这些洞洞的形状都是和衣服改造的形状相配合的，外套、马甲、围巾、领带、扣子都能找到轮廓相同的洞洞，小孩子会感到新奇，他们会忍不住翻过来倒过去地看了又看，我家的小朋友甚至会用小手指戳戳那些洞洞。这种别致的设计增加了故事的趣味性和互动性。

《爷爷一定有办法》中精心地设计了藏在楼板下的小老鼠一家。爷爷改造衣服后剩下的碎布都被小老鼠一家充分利用了起来。鼠宝宝们的衣服、鼠妈妈的斗篷和围巾、家里的窗帘、被罩、桌布等等都用那些边边角角的布头装扮了起来，看着小老鼠一家忙忙碌碌、欢天喜地的样子，真是为他们的勤劳和智慧点赞。这些藏在书脚的图画并不仅仅是来插科打诨的，更是书中主旨的进一步阐发，爷爷能把那些旧的看上去可以扔掉的东西焕然一新，小老鼠一家更是充分利用了那些零零碎碎，把生活过得有滋有味。

这两本书虽然风格迥异，但都堪称经典。家中的小朋友也是由衷地喜欢，不过她坚定地认为《爷爷一定有办法》中的约瑟一定是《约瑟夫有件旧外套》中约瑟夫的小时候，也难怪呢，谁叫这两本书的故事那么的相似那么的接近呢！

46

小人物的大梦想

——《小海螺和大鲸鱼》

一只小海螺住在一块岩石上，每天绕着岩石转圈圈，生活无聊又沮丧。世界大得没有边儿，大海深得不见底儿，她真想出海去远航。小人物萌发了一个大梦想《小海螺和大鲸鱼》，文：［英］朱莉娅·唐纳森，图：［德］阿克塞尔·舍夫勒，译：任溶溶，外语教学与研究出版社 2005 年出版。

小海螺用她的黏液弯弯曲曲地写下“请带我出海远航好不好！”没想到一只灰蓝色的大鲸鱼把美丽的歌儿唱：“你就爬到我尾巴上，让我带你去远航。”这一大一小开始一路畅游，他们游过冰山，发现陆地，钻进海底，他们感受阳光灿烂也经历雷鸣电闪。可是有一天鲸鱼迷路了，游进了小海湾，搁浅在了海滩上。小海螺在海湾小学的黑板上写下了“救救鲸鱼”几个字，人们纷纷跑向海滩，赶来救助，大鲸鱼和小海螺安全脱险。真没想到那么小小的一只小海螺竟然救了那么大大的一只大鲸鱼……

这本书的绘画非常漂亮，16 开的横开页非常适合大海这种广阔的大场面以及鲸鱼这样的大角色。而小海螺虽然非常的小，但是书中很多的地方有她的专门特写，这也让我们的主角不至于因为太过渺小而显得

拯救斜塔

落寞。书中的图画非常的写实，远航的轮船、蔚蓝的大海、深蓝的星空、多彩的海底等等都非常的清晰鲜艳，喜欢绘画的小朋友完全可以临摹着画起来。

这本书的语言朗朗上口，韵味十足，就像儿童散文诗一样。那些长短错落的排比句、间歇式的句尾押韵以及重点语句的反复回环具有很强的节奏性和韵律感，当你大声地念给孩子听，会有非常愉悦的阅读体验。

这当然要感谢本书的作者，是他给我们提供了这么好的故事原本，我们更要感谢本书的译者，著名的翻译家、儿童文学作家任溶溶先生，正是他生动传神的翻译让我们感受到了语言的灵动之美。

这本书在文字排版上还有两处独特之处。当小海螺见识了广阔的世界后，越发觉得自己非常的渺小，这个“小”可是真的“小”，书中“小”字都比其他的字体小两号。当鲸鱼搁浅在海滩上难过地哀叹“我太大了”时这个“大”可是真的“大”，书中的“大”字都比其他字体大两号。这一大一小充满了对比和辩证，小有小的好处，大有大的麻烦。一年前小朋友读这本书时最先记住的就是大和小这两个字，本次重新阅读，这两个字依然印象深刻。

这只小小的小海螺拥有一个大大的大梦想，她的勇敢、坚持和智慧最终影响了许多人，我们欣喜地看到，书的最后那些“一动不动静静坐”的小海螺们，一只接一只坐在大鲸鱼的尾巴尖儿上，齐声歌唱去远航。这也让我们见识了一个目标远大、不甘平庸的生命个体对于这个广大世界的意义。

47

一个女孩改变一个世界

——《穿毛衣的小镇》

世界上有一个叫冷冰冰的小镇，镇上有一个叫安娜贝尔的姑娘。这个小女孩干了一件惊天动地的事情，她给小镇上所有的东西都织了彩色的毛衣，这个小镇也有了一个温暖的名字——《穿毛衣的小镇》，著：[美]麦克·巴内特，绘：[加]乔恩·克拉森，译：李韧，接力出版社 2014 年出版。

冬天里的冷冰冰小镇，灰黑一片，黯淡无光。小姑娘安娜贝尔在雪地里发现了一个盒子，里面装满了五颜六色的毛线，她给自己织了一件彩色的毛衣，给自己的小狗马尔斯也织了一件，可是盒子里还有剩下的毛线，小姑娘一发不可收拾，开始给镇上的居民织毛衣，给各种各样的动物织毛衣，甚至给根本不穿衣服的家伙织毛衣，整个小镇都穿上了彩色的毛衣，变得和原来不一样了。

小姑娘的名声越传越远，人们从世界各地赶来，欣赏安娜贝尔织的毛衣。有一天，来了一位特别爱打扮的公爵，他想买下安娜贝尔的毛线盒子。一百万、两百万、一千万，不管付多少钱，安娜贝尔都没有同意。公爵雇了三个小偷，偷走了盒子，可是当他打开盒子时，发现里面什么也没有。盒子最终又回到了安娜贝尔身边，她继续编织彩色的世界，她过得那么快乐。

小朋友非常喜欢这个故事，看着安娜贝尔的同学们都穿上了彩色毛衣，宝贝儿从头到尾数了数到底多少个人，还有那个胖墩先生和胖墩太太，他们穿上彩色的毛衣后更胖了。那个另类的不怕冷先生不喜欢穿毛衣，可是安娜贝尔并没有遗忘了他，而是给他织了顶毛线帽子，那个帽子上还顶着个小球球呢。还有那些邮筒、路灯，那些房子、汽车等等都穿上了彩色的毛衣，真是有趣呀！

本书后面附有译者的译后记，译者由衷地赞叹这个故事里住着一位了不起的小人儿。的确，安娜贝尔是个了不起的小姑娘，她能化解同伴（内特）的妒忌，她敢挑战权威（诺曼先生）的质疑，更重要的是面对金钱的诱惑，她勇敢地说出了那个“不”字。她用缤纷的色彩温暖了冷冰冰小镇，她用诚挚的爱心改变了这个世界，她的坚定和勇敢，执着和勇气值得我们每一个人学习。宝贝儿，让我们一起对安娜贝尔竖起大拇指吧！

另外在书最后还附有著名儿童文学作家、画家王晓明先生的文章《看图书学图画》，文中介绍了《穿毛衣的小镇》这本书中图画的绘画技法。王先生还以书的封面为例讲解怎样做出书中的图画来，从工具的准备到操作的步骤以及注意事项都有详细的讲解和说明，小朋友们完全可以照着做起来——原来这样一本寓意深刻的图画书还可以帮助小朋友学画画。

也许这就是优秀童书的价值，尽管就是寥寥数语的一个故事，却蕴含着激励人成长的智慧和勇气；尽管就是简简单单的几幅画面，却启迪了孩子们对艺术和美的感知和认同。

48

一切皆有“度”

——《了不起的测量员》

有温度有湿度，有长度有宽度，水母有摇摆“度”，痒痒有痒痒“度”，一切皆有“度”，一个关于测量的故事——《了不起的测量员》，文：［美］凯恩琳·T. 佩利，图：［美］S.D. 辛德勒，译：常立，二十一世纪出版社 2014 年出版。

马格努斯·马克西姆斯是一位戴着眼镜的老先生。他酷爱测量和计数，他可不像别人那样测量平常的东西，他更专注于测量不平常的东西，从鼻子上的雀斑到肚皮上的疹子，从最耷拉的耳朵到最恶臭的袜子，甚至连凶猛的狮子他都敢量来测去。人们都说他真是个了不起的测量员。

从封面到封底，从书名页到内文，这本书中到处都是专业的测量工具，软尺、盒尺、卡尺、折尺各种各样的尺子，钟表、天平、温度计、气压计各种各样的仪器。这些对于小孩子们来说是非常新奇和有趣的。况且那个执拗的马格努斯还有那么多关于测量的逸闻趣事值得我们玩味。这个故事让我们看到了一个人是多么执着和痴迷一件事情。

可是，疯狂的测量也让马格努斯迷失了自己，他看不到黄蝴蝶为他起舞，听不到黑八哥为他歌唱。他看不到朋友们眼中的泪，也听不到朋友们声音中的笑。小男孩迈克的出现提供了改变的契机。我们高兴地看到这一老一少手拉手踩着水，兴奋地叫嚷，高唱着傻傻的歌。而马格努斯，这位了不起的测量大师，除了测量之外，也学会了为自己沏一壶茶，给自己哼唱一只摇篮曲，享受生活的乐趣。

本书的绘画锦上添花，为这个有趣的故事增色不少。画面非常的精美，写实中渗透着夸张，细腻中彰显着幽默。很多细节都会让人过目不忘，比如马格努斯数那些不平常的事物时，画面中的人物，同一个身子上长出五个不同的上半身，抬头看白云的、拿着放大镜数雀斑的、低头数花瓣的，拿着叉子数葡萄干的、拿着笔数肚皮上的疹子的。把五件事融于一幅图画之中，既节省了空间又营造出了幽默的效果。还有马格努斯测量世界上最恶臭的袜子时，人们排着队拿着臭袜子来测量，画面上优雅的女士和彬彬有礼的男士都用鼻夹夹着鼻子，男孩子则用手捏着鼻子，我们隔着画面都能感受到那些袜子的臭度。

这个好玩的故事一直让小朋友念念不忘，那些五花八门的测量工具呀，那些热闹滑稽的故事情节呀，每每想起来她都会咯咯地笑起来，我戏谑地跟她说应该让马格努斯测测她的“笑度”。而那个瘦瘦高高，穿着燕尾服，留着八字胡的测量大师形象也已经深深地印在了她的脑子里，要不她拿出自己的格纹裙时，怎么会突然冒出一句“马格努斯穿了一条格纹裤”。

在测量大师的眼里，一切皆可测量，一切都有“度”，这个“度”是长短的尺码，是计量的单位。而我们读完这个故事时看到的是另一个“度”，这个“度”是程度，是限度，是平衡之“度”。痴迷一件事情并没有错，认真和专注当然很重要，但是学会平衡的智慧，掌握好这个“度”，我们才能获得诗意的生活，难道不是吗？

49

美丽人生

——《花婆婆》

什么样的人生才是美丽的人生呢？它不一定命运多舛，它不一定波澜壮阔，做自己想做的事，过自己想要的生活，安静又坦然地面对这个世界，坚定又执着地让世界变得更美，这份优雅和从容，堪称完美。经典绘本《花婆婆》，文／图：［美］芭芭拉·库尼，译：方素珍，河北教育出版社 2007 年出版。

小姑娘艾莉丝答应爷爷长大以后要做三件事：一是去很远的地方旅行，二是住在海边，三是做一件让世界变得更美丽的事。长大后的艾莉丝（卢菲丝小姐）真的去践行了自己的诺言。热带小岛、雪山、沙漠、热带丛林，她走过了许多地方，后来她在海边住了下来，前两件事就这样完成了。当卢菲丝两鬓斑白时，她找到了要做的第三件事。她在口袋里装满种子，一面散步，一面播撒，只要她经过的地方，就不停地播撒种子。第二年春天，原野上、山坡上，角角落落都开满了美丽的鲁冰花，让这个世界变得更美。

这本书一年前就给小朋友读过，当时的她并不是太喜欢，有些似懂非懂，更别提理解书中的精神。没想到这次再读时，她的反应超出了我的预料，一遍一遍地让我念给她听，她喜欢花婆婆漂亮的斗篷衣服，喜

紫藤花

欢那些蓝色、紫色和粉红色的鲁冰花。她记住了热带小岛上的人把猴子和鹦鹉当作宠物，她还注意到了卢菲斯小姐有只形影不离的猫。当我问她将来想做一件什么事让世界变得更美，宝贝儿和书中的小艾莉丝一样还说不清楚。不过没关系，日子还长，人生需要不断探索，终究有一天你会找到自己想做并喜欢做的事。

这是一本传递爱和信念的书。当年幼的小艾莉丝答应爷爷要做一件让世界更美丽的事时，我们看到了传承的力量，祖辈们就是这样潜移默化地把一种信念渗入孩子的心灵之中。而当花婆婆抚摸着隔辈的小外甥女同样传达这种情愫时，我们看到的是一种家族精神的延续。“一定要做一件让世界变得更美丽的事”，面对这样的召唤，我们相信每个孩子都会坚定地说出“好哇”这两个字，并且答应得又快又大声。“让世界变得更美”是多么高贵的人生理想，被这样一种信念激励和鼓舞的人一定是一种热情洋溢又蓬勃向上的人生状态。

这本书用回忆的口吻和倒叙的方式，讲述了“花婆婆”的一生，从稚嫩的小女孩，到优雅的女士，再到满头白发的耄耋老人。这个执着的女人有着优雅的外表和坚强的内心，她见识过这个广大的世界，也结交了难忘的朋友。她不惧怕别人叫她“又老又疯的怪婆婆”，她笃定地去做自己认准的事情。

这个美丽的“花婆婆”用自己辉煌的人生诠释了什么是追随初心，什么是美丽人生。每一个读过这本书的人，尤其是女人，当你困惑迷茫不知所措时，想一想那位伫立在海边山丘上的女士，想一想那个穿着绿斗篷四处播撒种子的花婆婆，想一想那漫山遍野的鲁冰花，你会被一种昂扬向上的气息所感染。也许人生就应该活成这个样子。

50

让人幸福的人生咒语

——《今天运气怎么这么好》

一群小猪正在午睡林里酣睡，一只大灰狼悄悄地走了过来，“哇——这么多，我一个人也吃不过来呀！今天运气怎、怎么这么好呢！”那只大灰狼吃到小猪没有哇！那些小猪有没有好的运气呢？《今天运气怎么这么好》，文/图：［日］宫西达也，译：彭懿，南海出版公司2007年出版。

午睡的小猪们真是千姿百态呀：靠着树的、枕着草的、平躺着的、俯趴着的、撅着屁股的，还有几只四仰八叉的。这些小猪光顾着呼呼大睡了，连大灰狼靠近都全然不知。这可美坏了大灰狼乌鲁，发现了那么多小猪，数都数不过来，运气太好了，赶紧去告诉大家。

乌鲁去找了哇呜、古鲁鲁和贝罗，可是好朋友们太热情了，每个人都迫不及待地和乌鲁分享自己做的好吃的，以至于乌鲁因为健忘和分心一而再再而三地忘记小猪的事。小猪们美美地睡了个觉，回家去了。晚上，乌鲁终于想起了小猪，等他再跑到林子里时，除了满天的星星，哪里还有什么小猪呀！

这本书在故事情节的安排上采用了不断重复的形式。乌鲁每到一个好朋友家，基本上都是一样的模式：敲门——话说一半——得到热情的招待——完全忘记小猪的事。但是在这些重复中也有细微地变化，比如那个敲门声：咚咚咚、咣咣咣、叮——咚；比如那个开心吃东西的声音：啊呜啊呜、吧唧吧唧、呱唧呱唧。这些拟声词的广泛应用增加了故事的趣味性，不断重复的情景又符合孩子们的认知特点，小朋友们很容易在书中找到阅读的快感，这也是那么多的孩子如此迷恋这个故事的原因。而且这个有趣的故事还非常适合角色扮演，小朋友们完全可以根据书中的情节和对话来一场情景剧表演，相信他们会玩得非常开心。

令我始料未及的是，家中的小朋友在那些不断重复的情节中还发现了一个有趣的现象——那些不断重复的标点符号，她像发现新大陆一样指指点点，当我把那些标点名称一一告诉她时，她还形象地描述了一番：破折号像个小棍棍儿，省略号是几个小点点，句号是个小圈圈，逗号像个小蝌蚪……

宫西达也的绘画具有鲜明的特色，草地是绿色的半圆形，大树是棕色的树干上顶着个圆圆的树冠，线条简单而粗犷。在色彩上大量地运用土黄、深棕、暗灰、蓝青等冷色系和中性色调，但是在一片暗沉中又不忘进行有力的对比和衬托，视觉冲击非常强烈。在本书中，作者还特别为每幅画面安排了菱格与圆圈相间的灰色花边，别有一种典雅在里面。

大灰狼虽然没有吃到小猪，但是好朋友们分享给了他那么多好吃的，他今天的运气很不错呦！那群小猪悠闲地在林子里睡足了午觉竟然没有被吃掉，他们的运气也不赖嘛！看来，今天大家的运气都很好喽！

宝贝儿，“今天的运气怎么这么好呢”是个让人幸福的人生咒语，希望你在以后的日子里每天都有这样的心境，无论晴天还是阴天，无论刮风还是下雨。

51

天上真的掉馅饼

——《阴天有时下肉丸》

天上真的会掉馅饼吗？会呀，天上不仅掉馅饼，还会掉下你想吃的任何东西，果汁、豌豆、土豆泥，汉堡、香肠、荷包蛋，黄油、果酱、烤面包，一切美食应有尽有。一个天降美食的故事——《阴天有时下肉丸》，文：［美］朱迪·巴瑞特，绘：［美］罗恩·巴瑞特，译：李耘，新星出版社2014年出版。

有一个名叫“吧唧吧唧”的小镇，它和别的小镇没什么两样，唯一与众不同的地方就是它的天气。这儿的“雨”是汤和果汁，“雪”是土豆泥和豌豆，有时还会刮起汉堡风暴。这旦没有卖食物的商店，居民们的食物都是从天上掉下来的。天上下什么，人们就吃什么。小镇居民的生活充满了美味，直到有一天，天气变糟了，面包风暴、薄饼飓风、枫糖暴雨、椒盐尘暴、番茄龙卷风接踵而至，人们纷纷逃离小镇……

这是个故事套故事的故事。本书的开头有一个小小的“引子”，以第一人称的方式讲述了早餐时的“薄饼事件”（外公给薄饼翻面时，薄饼飞了出去，降落在了男孩的头上），正是受这个事件的启发，那天晚上外公讲了这个“吧唧吧唧”小镇的故事。故事的结尾和开头遥相呼应，外公讲完了故事，孩子们上床睡觉，第二天和外公去玩滑雪橇。

其实一直有点疑惑，这个吧唧吧唧小镇发生的趣事完全可以独立成为一个故事。“在海的那边，翻过许多高高低低的大山，穿过三个热烘烘的沙漠，再越过一个不那么大的大海，就到了一个名叫‘吧唧吧唧’的小镇”这样的故事开头并不突兀。“没人敢回吧唧吧唧小镇去看看那儿怎么样了。他们太害怕了。”这样的故事结尾也算完整。写给小孩子的童书本身就可以天马行空、荒诞不经。如果抛却故事中讲故事的模式，岂不是让这个异想天开的故事更加完美？

这本书的绘画也不讨喜，四处充斥着密密麻麻的排线，尤其是本书的开头部分，都是黑白线条的描绘，这会让有密集恐惧症的人非常地纠结。书中的形象也并不是十分的可爱，很多人物都瞪圆了双眼，一副凶巴巴的样子。而且在文字和图画的编排上也很生硬，本来挺完整的一幅图画，却要硬生生地切出一块，安排有底色的文字，这难道是作者的有意为之吗?

尽管有这样那样的疑虑和困惑，因为小朋友的超级喜欢，这个故事我们还是念了一遍又一遍。挂在树上的荷包蛋、诱人的大果冻、夹着香肠的面包，那些天上掉下来的美食让小朋友有些想入非非，她盼着天上掉下土豆丝、炸酱面还有她爱吃的双色冰激凌。书中还有很多细节可以探究，比如那个假牙掉出来的老奶奶，比如那些被番茄龙卷风卷上天的人们，还有那些巨大的甜甜圈和大薯条，等等。

在翻看了很多遍之后，小朋友终于热情减退，不再想天上掉馅饼这种美事。不过事隔多日后的某一天，小朋友的一句话彻底改变了我对这本书的看法。“妈妈，你能不能也给我讲一个神奇的故事，就像那个爷爷讲的吧唧吧唧小镇一样！”关了灯躺在床上翻来覆去睡不着的小朋友冒出来这么一句。这句话突然让我领悟了这本书的价值，除了人们津津乐道的夸张的想象力和有趣的创意之外，这本书暗含着一种真挚的情怀在里面，那个会讲故事的爷爷是那么的和蔼可亲，那么的风趣幽默，又是那样潜移默化地影响着孩子们，这是一种爱的纪念。

而当夜深人静，小儿鼾声渐起时，我又重新审视这本书，忽然发现，

向日葵

当你摘下眼镜，不再近距离直勾勾地盯着这本书时，那些线条，那些密密麻麻的排线衍生出来的是一幅幅细节丰满的画面，那些切割出来的文字框具有醒目突出的效果。

当所有的疑虑烟消云散之后，突然有一种和老朋友冰释前嫌、握手言和的感觉。只不过这个老朋友是一本书而已。阴天有时下肉丸，晴天会不会下本书呢？

52

这个“派”有来头

——《环游世界做苹果派》

如果你想做个苹果派，可是提供原料的超市没开门怎么办？那就环游世界去找材料喽！如果你想环游世界，得找个理由，那很简单，就是为了做个“苹果派”嘛！《环游世界做苹果派》，文/图：[美]玛乔丽·普赖斯曼，译：李永怡，河北教育出版社2014年出版。

为了做个苹果派，一个头顶宽檐帽、身穿绿裙子的小女孩走遍了全世界去找材料：意大利的麦子、法国的母鸡、斯里兰卡的肉桂、英国的奶牛、牙买加的甘蔗还有美国的苹果。找到原材料还要进一步加工：麦子磨成面粉，肉桂树皮捣成肉桂粉，蒸发海水提取盐，煮甘蔗提炼白糖，请母鸡下蛋，把牛奶搅拌成奶油，切苹果，把所有材料混合好后再放进烤箱烤……

这本书洋溢着幽默荒诞的气息。看看那个老是关门的超市，门上挂着个牌子“外出钓鱼”，等到小姑娘都环游世界回来了，它的门口竟然还挂着牌子，而且还修改成了“还在钓鱼”，这个老板得是有多么爱钓鱼呀！为了做个苹果派要兴师动众地环游世界，这个大胆的想法付诸实施后带给了我们无限的惊喜。世界那么大，随便去喽，找最好的材料做最好的派。所以我们也和这本书一起见识了意大利的田园风光，法国的小资情调，斯里兰卡的神秘原始，英国的绅士气度，牙买加的热情奔放。跟随一本书开始一段自由想象的旅行是多么惬意的事情。

这本书弥漫着轻松欢乐的氛围。这个环游世界的小姑娘是个随遇而安的乐天派，在哪里都能交到好朋友。你能看到她坐在意大利的麦堆上一群孩子围着她跳舞，你能看到她能轻轻松松地说服母鸡和奶牛跟她回家，你能看到她坐上飞机离开牙买加时人们兴奋地和她挥手致意，尤其是最后一页来自世界各地的小朋友和她一起品尝苹果派时，孩子们多么自由自在，多么无拘无束，真是欢乐畅快呀！

这本书潜藏着方方面面的知识。一目了然的世界地图，各种各样的交通工具，特色鲜明的异域风情，简单明了的原料加工，详尽细致的烹饪食谱，这些内容深究起来都有很大的扩展空间，可以进一步演绎和延伸阅读。

这样一本适合多元阅读的图画书完全俘获了小朋友的芳心，她迷恋得不要不要的，更重要的是小朋友竟然萌发了要环游世界的想法。一本书能激发一个梦想，好厉害呀！

53

不一样的锅碗瓢盆刀勺筷

——《餐具总动员》

锅碗瓢盆刀勺筷，全都长出了胳膊长出了腿，他们有鼻子有眼儿地叽叽喳喳，他们快快乐乐地忙忙活活，他们还偷偷摸摸地做起了饭呢！《餐具总动员》，文/图：［日］植垣步子，译：周龙梅、彭懿，连环画出版社 2014 年出版。

“早上好，碟子们！早上好，饭碗们！”没想到一起床就听到了歌声。歌子大妈是个热爱生活的乐天派，她喜欢一边唱歌一边做饭，厨房里的餐具、用具们都是她的好朋友。一天早晨，情况有点不对头，已经快到中午了，歌子大妈还没有起来。厨房里的餐具们担心起来，嘀嘀咕咕、议论纷纷，跑去查看情况的饭碗和盘子回来告诉大家，歌子大妈病了。可爱的餐具们一起动手，给歌子大妈做了一碗香喷喷的米粥……

本书通篇都是一种拟人化的表达，书中的餐具、用具们每一个都有一个拟人化的角色，饭碗大姐、红茶罐妈妈、小勺子宝贝、面包烤箱大哥、米香大婶、茶杯老爷爷、牙签盒弟弟、锅阿姨、天秤姑姑、笊篱小妹等等，这些热热乎乎的称呼，让人倍感亲近。三五岁的小朋友们本来就喜欢那些和食物相关的主题，而作者又把那些司空见惯的餐具们画上了鼻子画上了嘴，填上了胳膊加上了腿，一个个地鲜活起来，这更是增添了阅读的情趣。而且这些餐具们每一个都有自己的个性特点：食盐哥哥和芥末弟弟喜欢拌嘴，小叉子和小刀子喜欢勾肩搭背地站在一起，饭碗大姐们喜欢叽里呱啦地聊天，木铲大叔总是呼呼地睡着大觉，切菜板大爷呢，他是个老顽固。

细节的丰富和生动是本书的一大特点。就拿早晨起来大家和歌子大妈打招呼来说吧，看上去餐具们都很友好，其实呢，具体的情况很不同：调味品一家的宝宝们还在呼呼大睡，爸爸在大声嚷嚷"快醒醒"；勺子哥哥已经在"一二""一二"地做运动锻炼身体了；饭碗大姐担心歌子大妈烫着了；量杯阿姨羡慕锅里的煎鸡蛋真好吃。书中这样密密麻麻集体出动的大场面还有很多，比如餐具们一边跳舞一边欢乐地为歌子大妈煮粥，比如餐具们跳进水池洗澡等等，每一页里面都藏着很多有趣的小细节。

因为故事情节涉及做饭用火的问题，书中还安排了一个小插曲。大大咧咧的擦碗布大婶兴奋过头，被火烧到了屁股，幸亏饭碗及时泼水浇灭了火。这也提示小朋友们，用火的时候一定要特别小心！其实在本书开篇作者就已经暗暗地提醒过了，歌子大妈的厨房墙上醒目地贴着"小心用火"四个大字。给小孩子看的书就应该考虑周全，从这个细节上我们看到了作者的良苦用心。

本书的前后环衬内容非常丰富，书中涉及的餐具用具们在这里都能找得到他们的身影，仔细数了数大概有七十多种，几乎涵盖了所有的厨房用具，小小孩儿可以一边翻看一边学着认知这些器物，大一点的小朋友们可以一边翻看一边寻找，看看这些餐具们都有什么样的个性特点，锻炼孩子们的观察能力。

这个故事太有趣了，小朋友每天必看两三遍，这种状态已经快持续一个星期了，仍然热情不减。因为细节丰富，我们每次翻看都会有新的发现，比如那个咸梅罐老奶奶从头到尾都在织东西，比如那个汤勺弟弟特别喜欢倒立，比如那对红酒杯夫妇交谊舞跳得很优雅，如此等等，小孩子发现了探索的乐趣。

炫彩冰激凌

幸福快乐的一天从一顿可口的早餐开始，看着这一堆餐具在那儿快乐地跳舞，心情都会好起来。这个既欢乐又有爱的故事就像餐具们给歌子大妈做的那碗砂锅粥，香香的、暖暖的。

54

顽皮的孩子

——《逃跑的小火车头》

如果你的孩子特别喜欢一种玩具，你会买给他吗？相信大多数人都会。但是你会为孩子创作一个关于这个玩具的有趣故事吗？这个有点难。不过有一位妈妈这么做了，她为自己酷爱小火车的儿子创作了一本充满爱意的著作。《逃跑的小火车头》，文/图：［美］维吉尼亚·李·伯顿，译：赵静，二十一世纪出版社 2010 年出版。

有一个叫“突突”的小火车头，他烦透了整天拉着笨重的车厢跑来跑去，他想如果只有自己一个人，一定跑得又快又轻松，大家肯定都会赞美他。机会来了，趁着大家不注意，突——突——突，叮当叮当叮当，呜——呜——呜，突突一个人出发了，一路疾驰，横冲直撞，所过之处鸡犬不宁、人仰马翻，他连自己的燃料车也弄丢了。最后慌不择路，他钻进了一条很旧很旧的铁轨，终于停了下来。他的三个好朋友司机吉姆、司炉工欧力和列车长阿奇波尔德得知小火车头逃跑了，一路追了过去，最后终于把突突带回了家。

这是个堪称完美的故事，起承转合，跌宕起伏。

故事开篇平铺直叙，简单介绍了小主人公突突以及他的日常生活轨迹。看着小火车头的装备，小朋友一下子就记住了汽笛、铃铛、刹车的声音，而且突突的三个好朋友各不相同：司机吉姆喜欢叼着个大烟斗；司炉工欧力瘦瘦高高，负责添水加煤；列车长阿奇波尔德有点胖，手里还拿个大怀表。

接下来，紧张的故事开始了。小火车头厌倦了日常的生活，疯狂逃跑了，一路狂奔，嚯！太混乱了，牛、马、鸡都被吓坏了，人们也被吓坏了，甚至有人都爬上了塔顶，汽车卡车也撞在了一起。小朋友看着捂着头、跌坐在地上的一个男人，同情地说："他的衣服都破了。"

事情出现了转机。吉姆、欧力和阿奇波尔德得知小火车头逃走了，开始奋力追赶，他们甚至拦下了一辆新式火车。这几页太精彩了，他们根本就不用打听突突往哪个方向跑了，所有的人都指向了一个方向，甚至连牛、马、小鸡也都指向了那个方向。

最后的结局皆大欢喜，经过了疯狂的逃跑和紧张的追赶后，闯祸的小火车头终于被带回家了，大家都很高兴。看着吉姆、欧力和阿奇波尔德高兴地跳起了快步舞，小朋友也很兴奋："妈妈，你看，吉姆的帽子都飞起来了。"

这本书的画风朴素中渗透着灵动，那些黑色炭笔描绘的画面栩栩如生。你能真切感受到画中人物的内心活动：那些四散逃窜的人们的惊慌；那个拼命挥舞着旗子，快蹦到半空中的信号员的紧张；那三个累得满头大汗的好朋友的焦虑……一本平面书籍，传递出了立体效果，情绪饱满，动感十足。

这个逃跑的小火车头就像一个顽皮的孩子，骄傲又脆弱，淘气又爱冒险。经过了这场私自出走的喧闹，突突终于回家了，他也想明白了："我再也不逃跑了，一个人出去一点也不好玩。"可是我家里的那个小朋友还在意犹未尽，她拉着自己的玩具小火车溜达来溜达去，她不会也在酝酿一场逃跑吧？

55

别样的职业体验

——《驼鹿消防员的一天》

小朋友们，你想了解消防员的工作和生活吗？你想知道消防员的设施和装备吗？你想参与一场真实的救援行动吗？让我们跟着绘本来一场别样的职业体验吧！《驼鹿消防员的一天》，文 / 图：［英］莎伦·瑞特，审译：任溶溶，外语教学与研究出版社 2013 年出版。

人高马大的驼鹿要成为一名消防员了啦！他首先要参加严格的培训，学会使用各种消防设备，掌握各种救援常识。训练结束后，驼鹿加入了红色警戒队。“紧急情况，大家赶快行动！”消防员们匆忙赶赴各种事发现场。警报又拉响了，这次是一场真正的火灾。评估火情、展开救援，可是住在顶楼的 21 只豚鼠胆子太小不敢往下跳，一只一只去救又来不及，该怎么办呢？驼鹿想出了绝妙的好主意……

这本书处处都充满了幽默。就说这一群消防员吧，驼鹿、犀牛、狮子、海鹦、食蚁兽、考拉、癞皮狗、鸵鸟，他们大大小小、高矮胖瘦的参差不齐，这些家伙一出场就带来了一股诙谐之风。书中对消防员工作的介绍也很有趣，原来消防员不仅仅是救火呀，被困的婴猴、头卡在下水道里的鸵鸟、身子卡在排水管里的腊肠犬以及身陷泥坑的猪，他们都要救呀！更逗的是，一群臭鼬放了几个超级臭屁把几只兔子熏晕了，消

野猪笑哈哈

防员们还要带上防毒面具去救呢，每每看到这儿小朋友都会哈哈大笑，这些臭屁还挺厉害。

这本书的故事安排有张有弛，虽然消防员的工作既紧张又忙碌，但是回到消防站时他们也不忘放松一下，打打台球、看看报纸、轮流做做饭。我们看到驼鹿打台球时直接把白球打到了考拉的头上呦！而那个个子矮小的海鹦队长练起杠铃来也是虎虎生威呀！

这本书在轻松幽默的氛围中向孩子们普及了消防知识也让孩子们见识了各种消防设备，灭火器、水龙带、氧气瓶、护目镜、防毒面具、云梯、安全网，等等，而且那句“使用灭火器时一定不能冲着人呦！”应该会让孩子们印象深刻。

看完书难免会有好奇的小朋友萌发要当一名消防员的想法，书中可是说了“如果你行动缓慢、反应迟钝、浑身是刺或者口喷烈火的话就无法成为一名消防员”，当然最最重要的是要非常的勇敢和机智，就像驼鹿那样，它想出了让 21 只豚鼠爬到自己大大的鹿角上把他们一次性救出去的好主意，他真是个了不起的英雄！

56

阿布拉卡达布拉

——温妮女巫魔法系列绘本

拿起魔法棒，轻轻一挥，大喊一声“阿布拉卡达布拉！”房屋变颜色、冬天变夏天、浓烟变蝴蝶，女巫想要的一切就会来喽，让我们一起走进魔法的世界。温妮女巫魔法系列绘本，文：［澳］瓦莱丽·托马斯，图：［英］科奇·保罗，译：任溶溶，外语教学与研究出版社2012年出版。

有个女巫叫温妮，让我们先看看她的光辉形象！

高高的星星月亮巫师帽，蓝色紧身连衣裙外搭一件紫色开襟长外套，黄橙相间的条纹连裤袜再配上一双蓝色高跟尖头靴，这身行头、这身装扮让人感觉这个女巫不太冷，这个女巫有点萌。尖尖的红红彤彤大鼻子，蓬蓬的毛毛躁躁长头发，哈哈大笑时露出大板牙，脱掉袜子时密密麻麻的长腿毛，以及那超级无敌的大长手和大脚丫儿，这个形象、这个表情让人感觉这个女巫不一般，这个女巫有个性。当然，女巫怎么能少得了必要的装备呢？魔法书、魔法棒、飞天扫帚样样都不少，另外还要配上一只酷酷的黑猫。

有个女巫叫温妮，让我们再了解一下她的英雄事迹！

住在黑房子的温妮经常被她的黑猫威尔伯绊个大跟头，女巫一生气挥动了魔法棒，可是这个变了颜色的猫咪会高兴吗？（《女巫温妮》）

温妮要在女巫魔法秀上表演新魔法，可是她的魔法棒失灵了（洗衣机洗了的缘故），威尔伯狂奔城里找回的魔法棒能挽救女巫的表演吗？（《温妮的魔法棒》）温妮买了新电脑，她兴奋地把魔法扫描进了电脑里，把魔法书和魔法棒都扔进了垃圾桶，可是当电脑都被变没了的时候，她该怎么办呢？（《温妮的新电脑》）温妮讨厌冰冷烦人的冬天，她挥动魔法棒变出了阳光灿烂的夏天，可是那蜂拥而至的人群能让女巫的院子消停吗？（《温妮过冬》）炎热的夏天温妮去海边游泳，她弄丢了扫帚、弄湿了衣物，还惹恼了一群人，她还能安全回家吗？（《温妮去海边》）骑着飞天扫帚四处旅行的温妮遇到了交通堵塞，她挥动魔法棒想找一种安全的出行方式，可是这个女巫似乎应该找找自身的原因。（《温妮又飞起来啦》）午夜时分，火龙宝宝闯进了温妮的家，女巫的房子被弄得乱七八糟，还面临被烧毁的危险，女巫能帮助火龙找到妈妈吗？（《温妮和午夜小火龙》）

有个女巫叫温妮，让我们再分析一下她的脾气性格。

温妮是个大大咧咧、粗心大意的家伙，你看看她那结着蜘蛛网的家和那沾了果冻的晚礼服就知道，这个女巫可不是个干净利索、井井有条的主儿。乱七八糟是她家里的常态，找不着东西那是常事，要不然也不会出现魔法棒被洗衣机洗坏了的尴尬事。

温妮是个古灵精怪、想法多多的家伙。她总是能冒出一些奇思妙想，比如把飞天扫帚变成自行车、变成滑板甚至变成一匹马。但是那些一时冲动的想法也会带来意想不到的后果，你看看女巫遇到的那些倒霉事就知道了，栽到池塘里呀、撞翻冰激凌车呀、掉进了下水道里，等等。还好，乐观的温妮总能振作起来继续上路，继续她磕磕绊绊的生活。

温妮是个善良又有爱心的家伙。当黑猫威尔伯变成五颜六色难过得不肯下树时，女巫还是非常担心的。当淘气的火龙宝宝闯进家里，弄得到处一团糟时，她还是耐心地帮助它找妈妈。

这套女巫温妮的书画风非常独特，乍看起来每一页都乱糟糟的，骷髅头、长尾蛇、大虫子、小怪兽以及那略显恐怖的人物造型，这些对胆

哪吒

子小的小小孩儿来说是个挑战，可能很多孩子翻开书并未开始读时就放弃了，尤其是那些喜欢温馨画风的女孩子。但深究起来你会发现这样的画风最符合温妮的性格，也最契合故事的叙事特色。当你真正走进这套书时会发现那些眼花缭乱的画面中藏着许多精心安排的小细节，而这些足以让你和孩子一边看一边笑个不停。

这个会魔法的女巫，这个可爱又笨拙的温妮，她把周遭的世界弄得一塌糊涂，也给小朋友们带来了无穷的乐趣，相信每个读过它的孩子都会想要一根魔法棒，都想大声地念出那个咒语“阿布拉卡达布拉”。

57

珍·古道尔的传奇人生

——《我……有梦》

是什么样的人物要把她的故事写进三四岁孩子读的书里？是什么样的理想信念要传递给那些幼小的心灵？珍·古道尔（Jane Goodall）博士的传奇人生——《我……有梦》，文/图：［美］帕特里克·麦克唐奈，译：郝广才，晨光出版社 2013 年出版。

一个名叫珍的小女孩，她最爱自己的黑猩猩玩偶，到哪里都拎着它。他们一起去户外玩耍，一起观察动物和植物，甚至一起等待母鸡下蛋。珍有一个梦想，希望能在非洲生活，跟所有的动物住在一起，和它们做朋友，帮助他们。有一天一觉醒来，珍发现自己梦想成真，她真的到了非洲……

这个叫珍的小女孩儿可不简单，她在观察自然的同时还自己翻书查资料，很认真地学习。我和小朋友看着珍做的笔记，真是又详细又有趣，好多复杂的字都是用拼音代替的，里面还有各种动物的图画，什么翼手龙、短吻鳄等。珍还有一棵最喜欢的树，名字叫“比奇”。小朋友对这个能灵活上树的珍非常崇拜，那么高的树都敢爬上去呀！

这是一本具有自传性质的绘本，是根据珍·古道尔博士的生活逸事创作而成。书的后记中对这位伟大的女性有一个简单的介绍。珍·古道尔是一名野生动物学家，她的重要成果之一是发现了黑猩猩会制造和使用工具。她还是一位自然环保志士和人道主义者，她创立的根与芽教育环境项目，已经有 130 个国家在运作，成员有上千万人。在这位杰出的女性身上我们看到了梦想、坚持和爱的力量。

我和小朋友一直有一个疑惑，为什么书名中加了一个省略号，而不直接就是“我有梦”三个字，英文的原版书没有找到，不知道这样一个题目到底是怎么翻译过来的。夜深人静，仔细翻看这本书，反复咀嚼了这个别致的书名，发现了妙处：当你加入了省略的符号念出这个名字时，你会有片刻的停顿和瞬间的思考，尤其是在了解了这样一位改变了世界的伟大人物之后，我们是不是也应该想想自己的人生、回望一下自己的梦想。

清冷的早晨我和小朋友一起走在上学的路上，我们一起聊了聊这本书，小朋友对书的最后一页印象深刻，那是一幅真实的图片，一只小黑猩猩主动伸出手，友好地和珍握手。“他们握完手会不会拥抱？他们会不会成为好朋友？”小孩子的思绪总是走得更远一些。我们还一起谈了谈梦想，谈了谈长大以后做什么，可能受书中故事的影响，她信誓旦旦地说长大了也想去非洲。

这本书带给我们的是一种鼓舞人心的向上力量，在历史的长河中我们只是那沧海一粟，但是每一个生命的个体都有存在的意义，就像古·道尔博士所说，“我们每一个人都很重要，我们每一天的生活都会对周围世界造成影响，行动起来，让世界变得更美好”。

58

小豚鼠拯救大危机

——《卡利咔嚓吃吃吃》

住在蒲公英谷里的豚鼠们都爱吃蒲公英的叶子，咔哧—咔嚓，咔哧—咔嚓，每天从早到晚，这里的空气中都充满了快乐的啃食声。可是最坏的事情发生了，城里几乎所有的蒲公英都被咬得只剩下茎了，豚鼠们只能吃难嚼的洋白菜了，谁能拯救这场空前的食物危机呢？《卡利咔嚓吃吃吃》，文／图：［英］夏洛特·米德尔顿，译：漆仰平，新世纪出版社 2011 年出版。

卡利咔嚓·吃吃吃（这个名字好长呀！）是一只可爱的小豚鼠，他和其他豚鼠一样喜欢吃蒲公英的叶子。可是蒲公英濒临绝迹，这么严酷的现实该怎么办呢？卡利咔嚓在卧室外的窗户下发现了最后一棵蒲公英，这不仅是城里最后一棵，也可能是全世界最后一棵了。想到这里，小豚鼠感觉责任重大，为了照顾好这唯一一棵蒲公英，他去图书馆认真地查阅了资料，回家后悉心守护。等呀等呀等，蒲公英终于长出了漂亮的白头小种子……

这本书处处都充满了幽默。蒲公英要被吃光了，菜单上删掉了蒲公英做的菜，货架上也没有蒲公英饮料了。小朋友最喜欢看那个餐单了，每一个菜名上只要有蒲公英的都被一个长长的横线划掉了，她一个字一

蒲公英

个字地反复让我念，还伸出小手划一下，好像“蒲公英”这三个字是她划掉的。

卡利咔嚓是只聪明的小豚鼠，遇到问题知道去图书馆查资料。图书馆里有各种各样的书，我们把所有有字的部分都念了一遍，也不知道那些怪怪的书名，像《戈登大粉》《马拉松老鼠》《小虫大法》什么的这个小孩子能理解多少。不过图书馆里那个写着“安静”的大牌子让她印象深刻，不然当我和闺密相谈甚欢时，她怎么会冒出这么一句，“你们不能安静会儿呀？”

书的最后小豚鼠不仅喜欢吃蒲公英，还喜欢上了一件事，那就是栽种蒲公英。真是个完美的故事，可爱的主人公、有趣的故事情节、漂亮的配图画面，每个孩子都会爱上这只小豚鼠。更重要的是书中传递出了可持续发展的理念，这些生存的智慧就像那些蒲公英的小种子一样，终究有一天它会生根会发芽，也会在孩子们的心里留下烙印。

59

两个世界，两种状态

——《莎莉，洗好澡了没？》

一个絮絮叨叨的妈妈，一个纵情神游的女儿，一个苍白琐碎的现实世界，一个精彩纷呈的幻想国度。《莎莉，洗好澡了没？》，文／图：［英］约翰·伯宁罕，译：宋珮，河北教育出版社 2011 年出版。

“莎莉，你有没有在听我说话？”“你该不会又把肥皂留在浴缸里了吧？”“你看看，你把衣服丢了一地。”“这件衣服早上还是干净的，你看现在这么脏。”“我真希望你学会自己叠衣服。”“我还有其他的事，不能一直跟在你后面收拾东西”。莎莉的妈妈一边做着家务，一边说着这些话。这样的场景，这样的语言，就像一面镜子折射出了很多家庭、很多妈妈的生活常态。做不完的家务，操不完的心，唠唠叨叨，忙忙碌碌。

女孩儿一跳进浴缸，就发现了有趣之处。她驾着自己的橡皮鸭玩具开始了神秘的畅游：穿越曲曲折折的下水管道，来到鹅黄翠绿的原野，偶遇巡游的国王和卫兵，还和国王王后打了一场漂亮的水仗，最后的结果怎么样呢？女孩竟然把国王和王后都打落入水，哈哈哈！太痛快了！“怎么弄的，到处都是水！”妈妈的一句话把女孩拉回到了现实中，穿上睡衣从浴缸里出来，幻想的旅程就此结束。

这本书用两条平行的线索，描述了两种人生的状态。成人的世界以

洗澡

白色为底色，画面中一个妈妈一边自说自话，一边干着日常琐事，呈现出了一种黯淡无光、索然无味的状态。孩子的世界则色彩绚烂，橘黄、嫩绿、正红、深紫，每一种颜色都那么的明快和鲜艳，森林、骑士、城堡、国王，每一个场景是那么的神奇和特别。两种人生两种状态就这样交错着融入了一本书中。读过这本书的小孩子更多的是被女孩幻想的世界吸引，奇遇与探险、玩耍和游戏每一件都是他们乐此不疲的事情。最为有趣的是书中的国王和王后竟然像小孩子一样吹起了橡皮鸭和女孩一起玩耍，而且他们是用一根长棍子上面顶着个手套在打水仗哟，这样的画面充满了童真和童趣。

这样一本书，有很多的隐喻和提醒。那些沉浸在自己世界里的孩子们完全不会理会你的喋喋不休，所以大人们请停止那些于事无补的唠里唠叨吧。可是屋子还得打扫，生活还得继续，忙碌的妈妈们可以歇口气，和孩子一起读一读这样的书，比照一下自己的生活，从繁杂和琐碎中挣脱出来，感受一下世界的精彩与美好。

60

十足的劳动能手

——“能干的小海狸”系列丛书

有只小海狸聪明又能干，它乒乒乓乓做木工，它穿针引线当裁缝；它叮叮当当在厨房，它挖土浇水种植忙；它能涂涂刷刷，还能修修补补。十足的劳动能手——“能干的小海狸”系列丛书，图／文：拉尔斯·克林汀，译：曾齐，二十一世纪出版社 2009 年出版。

这套书中有两个主要人物，一个是小海狸卡思托尔，一个是小小海狸小福瑞。卡思托尔是个能工巧匠，它什么都能自己做：东西乱七八糟没地方放，就做个工具箱；围裙破破烂烂了，就做条新围裙；过生日，就烤个大蛋糕；窗前的植物枯萎了，就种上扁豆；想让柜子更漂亮，就刷上彩色的油漆；车轮上扎了钉子，就自己补轮胎。哦，简直什么事情都难不倒卡思托尔。小福瑞在这套书中是个黄金配角儿，它的主要任务是打个下手、帮个小忙、哭个鼻子、捣个小乱什么的，这给书中的故事增加了很多的情趣。

卡思托尔能把每一件事情都做得漂漂亮亮，可不是光靠冲动的热情哟！它有非常科学的方法。你看小海狸做工具箱时先仔细地研究图纸，做围裙时要先剪裁图样，种扁豆要认真阅读《园丁手册》，连烤蛋糕都要找出厨师奶奶的旧笔记本，因为那上面详细地记录了蛋糕的制作方法。

小熊猫卖气球

当然小海狸也不是那么完美得无可挑剔，它完成每件事情时，也会有小意外和小插曲。钉子敲弯了，针儿扎手了，三粒扁豆只有两颗发了芽，拆下来的气门芯掉进了下水道呀等等。这样的故事安排更接近生活的本真和常态。

在故事节奏的把握上这套书安排得非常巧妙。简单平实的文字叙述，图文搭配，适时地舒缓故事的节奏，尤其是在涉及一些孩子们并不熟悉的使用工具时，会恰当地延缓和放慢。比如《小海狸做木工》中，随着小海狸工作的推进，书中的工具也一一展现，“接下来，他需要——”“然后他又找来——”“现在他需要——”这样具有提示效果的语言表达配上清晰的实物图，读者在阅读时很容易停顿一下，多逗留几秒钟，孩子们也会印象更深刻，也就更容易记住。如果有一天你的孩子指着家里的工具箱，一一说出他们的名字，锉刀、钳子、螺丝刀、铁锤等等时，你千万不要奇怪，没准儿他们连弓形锯、曲柄钻、手摇钻、木工量角尺等专业工具都知道呢！

这是一套具有实用价值的书，每本书后面都附有小贴士，“缝纫小贴士”“如何种豆子”“油漆小贴士”“蛋糕小贴士”，等等，图文并茂，像说明书一样科学严谨。而有的故事后面还附有清晰的图样，“卡思托尔的裁剪图”“卡思托尔的木工图”“卡思托尔的调色板”。家长完全可以和小朋友们一起按照书中的指示进行实际操作，如果觉得做工具箱太难了，补轮胎太复杂了，一起烤个蛋糕、种个豆子什么的应该还是简单易行的。我和家中的小朋友曾经种过两次豆子，有的长出来了，有的迟迟不发芽以失败告终，不过每一次孩子都特别用心：耐心地等待、精心地护理、认真地观察、满心地期待。

在这七个故事中，《小海狸的修理铺》这本书比较特别，同样是修修补补，这次可不太一样。小小海狸小福瑞无聊不开心，卡思托尔决定让他接手几天自己的修理铺。这个小福瑞可是人小胆大，刚一接手就打出招牌“包修一切”！来的顾客可真不少，小福瑞接连忙活了好几天。可是结果呢，修出来的结果跟大家想象的不太一样呀：自行车修成了独轮车，超长睡衣改成了一条短围巾，熨衣板和擀面杖改造成了滑板车，排水管改造成花盆，旧躺椅改成婴儿车。当我们看到故事的结尾卡斯托尔和小福瑞用那些边角料改造成了一条帆船，惬意地在河上游玩时，我们感受到了创造的快乐。这本书，比起这个系列其他六本来，更加好玩，也更有情趣。

这套书是家里返场率比较高的一套书，从孩子三岁开始就一直翻看，每次翻出来都会喜欢一阵子，书中的每一个工具、每一个场景都非常的熟悉，而且随着认知的不断发展，小朋友也会有新的兴奋点。去年的时候她总是喜欢种豆子，今年则是缠着我要烤蛋糕，也不知道过一阵子她会不会要求缝围裙。

小海狸，这个十足的劳动能手，不管做什么事情都那么的认真仔细，对生活总是充满激情和热情。这套有趣的绘本不仅给我们提供了可操作的方法，还向我们展示了亲身实践的快乐，这种积极向上的生活态度也会传达给每一位小读者。

第四章
自然的神奇和艺术的魅力

每一本书都是一座花园

这里姹紫嫣红、芳香四溢

这里有自然的神奇和季节的变迁

这里有色彩的游历和音乐的盛宴

艺术的启蒙和唯美的召唤

带给孩子们诗意和浪漫的人生

61

优美恬静的散文诗

——《树真好》

散漫的生活场景、动人的生命情怀，一本书用自然优雅的笔触唤醒了童年与树木之间的记忆。彩色与黑白交替的画面、气韵灵动的表现手法，一幅幅图画用铺陈与内敛重温了生活中有关树的一切美好。凯迪克金奖绘本《树真好》，文：贾尼思 · 梅 · 伍德里，图：马克 · 塞蒙，译：舒杭丽，二十一世纪出版社 2009 年出版。

“树真好。高高的大树遮住了天空。树长在河边，树长在山谷，树长在高高的山顶上……树真好。它长着粗壮的树干和枝条。我们爬到树上，看各家的院子。我们坐在树枝上，静静地思考。我们还在树上，嬉笑玩耍，扮演海盗……树真好。树上可以荡秋千，或者挂一篮鲜花。……树真好。它可以遮住阳光，让树下有大片的阴凉……”

这是小朋友接触的比较独特的一本书，书中并没有完整有序的故事情节，而是把那些零零散散的生活场景通过唯美的画面随意地铺陈开来，我和孩子置身其中，欢乐地寻找生活的情景和有趣的细节：那高高的大树遮住了天空时，一个男孩在画面的边角上抱着头悠闲地跷着脚；秋天树叶纷纷落下时，藏在画面角落里的红衣小孩在缤纷的落叶中打滚；孩子们爬上苹果树摘苹果时，一个胖胖的男孩躲在树后偷吃着苹果；屋旁的大树保护了房子的屋顶，而狗狗的小房子却被掀翻了顶棚……基本上每一个画面上都有孩子们玩耍、嬉戏的身影，无拘无束地在树上攀爬、自由自在地在树下撒欢儿，童年的很多快乐都与这些树连在了一起。

这本书的外观设计非常独特，竖形的长方形开本，有一种垂直方向的延伸感，非常适合表现树木昂扬向上的生长形态。书中图画的安排也是独具匠心，彩色与黑白画面交替出现，彩色的画面注重写实和铺陈，给人一种绚烂的感觉，我们能清晰地看到那些树木枝繁叶茂、郁郁葱葱或者叠翠流金、落叶缤纷。而黑白画面更多的是写意和勾勒，颜色的单纯和随意的笔触很容易把人拉回到一种久远的记忆中，质朴又怀旧。

这本书文字和绘画都很亲切动人，那种对树木的真诚赞美、对自然的质朴情愫以及对生命的真挚情怀让人感叹，让人沉静。“自己动手来种棵树吧。……一天又一天，一年又一年，眼看着小树越长越高。你骄傲地告诉每一个人：‘那是我种的树’。人人都想有棵树。他们回到家中，每人种下一棵树。”书中结尾处的叙述是一种生命的召唤，种下一棵树，种下生活的诗意与美好。

这样优美恬静的书总是能勾起人的过往记忆。大手拉着小手漫步在郁郁葱葱的公园中，小孩子在树林中穿梭，跑跑跳跳，单纯又快乐。层林尽染的秋天，在落叶缤纷的树下捡拾那些大大小小的树叶，回家一起做个树叶画，如此等等……

而在夜深人静的时候，你的回忆很容易被那个熟睡小孩的翻身和呓语打断，当你再次翻开这本书时，一首诗弥漫开来：如果有来生，我愿做一棵树 / 站成永恒。没有悲欢的姿势 / 一半在尘土里安详 / 一半在风景里飞扬 / 一半洒落阴凉 / 一半沐浴阳光 / 非常沉默、非常骄傲 / 从不依靠，从不寻找……（三毛《说给自己听》）

62

两只小熊找春天

——《遇见春天》

春天是什么？熊爸爸说，春天有暖暖的风、绿绿的叶、五颜六色的花，还有香香的味道。熊妈妈说，春天，蝴蝶会围着花朵翩翩起舞，森林里冬眠的伙伴们都会出来。从第一次冬眠中醒来的小熊兄弟已经等不及想看看春天的样子了。《遇见春天》，文：原京子，图：秦好史郎，译：蒲蒲兰，二十一世纪出版社 2010 年出版。

“春天，你在哪儿呀？”“春天，你还没来吗？”“春天，我们来找你啦！”在这样的召唤声中，双胞胎小熊玛库和玛塔兴高采烈地寻找春天。他们大声呼喊，吵醒了冬眠的青蛙，他们用力摇树，惊动了双胞胎睡鼠，还是没有找到春天。就在这时他们遇到了穿绿外套、带红围巾、扎黄蝴蝶结的小姑娘，小女孩身上的色彩和气息让两只小熊认定这就是他们要找的“春天”。带着“春天”送给他们的香香蛋挞，玛库和玛塔蹦蹦跳跳地跑回家……

这两只不谙世事的小熊对即将到来的春天充满了期待和想象，他们刚一醒来就把脸贴在窗户上往外望，他们看完爸爸的画、听完妈妈的描述迫不及待想去寻找春天，他们不顾严寒，兴高采烈地出了门。摸摸积雪，碰碰凉水，扒开落叶，掀起石头，这些情态的描述让我们看到了幼小的生命对这个世界的好奇和探索。而小女孩“春天”的出现让整个故事得到了升华，春天不仅仅是那些红花绿草，还有那来自陌生朋友的馈赠和分享，两只小熊不仅找到了五彩斑斓的春天，还找到了这个世界的温暖和善意。

书中的绘画非常精美。两只小黑熊呆萌地站在封面里，那些红色的花儿、黄色的蝴蝶、嫩绿的小草似乎把他们迷住了，他们在看、在闻、在感知春天的气息。翻开书的内页，书中的色彩以浓重的黑色开始，这是一个用碳条和碳块涂抹的世界。黑黝黝的小熊一家住在黑黢黢的树洞里，一束光亮从一扇圆窗照进来，开启了冬眠小熊的苏醒之旅。色调逐渐明朗，黑白灰的色彩占领了全书三分之二的部分。女孩的出场，让色彩明艳起来，我们看到了嫩绿、鹅黄、粉红、淡紫等等各种颜色铺散开来，一片生机盎然的景象，春天一步步地向我们走来。

值得注意的是，在文字部分，所有的“春天”这两个字都是粉红色的，可以说关于“春天”的预告从一开始就一点一滴地渗透到了全书之中。到了书的最后一页，绘者摈弃了具体花花朵朵的描绘，而是选择了用大面积的粉色涂抹来展示满树的绚烂，这满眼的粉红正式宣告了春天的到来。这种文字与色彩的巧妙呼应向我们展示了作者的巧思妙想。

在众多关于春天的书籍中，这本书绝对可以脱颖而出，因为无论是故事安排还是绘画设计上它都体现了一种兰心蕙质。打开一本书，推开一扇门，原来春暖花开、芳香四溢。岁月静好的时光里，搂着心爱的小人儿，一起读一本遇见春天的书，心都融化了。

63

牛背上的季节变迁

——《小牛的春天》

竟然有这样一本书，不用器材，无须光影，手指轻轻翻阅就能传递出摄影的效果。聚焦定位，调整光圈，拉近拉近再拉近，然后拉远拉远再拉远，在这样的远远近近中，时光流逝，四季更替，又是一年。牛背上的季节变迁——《小牛的春天》，文：［日］五味太郎，译：［日］猿渡静子，新星出版社 2012 年出版。

春天来了，一头浑身雪白的小牛儿矗立在粉红色的背景里，黄色的蝴蝶围绕在小牛耳旁。雪融化了，小牛的背上出现了黑色的斑块。镜头拉近，只看到小牛的半个脸和上半部分身躯，突出了牛背上黑色的斑纹。镜头继续拉近，牛背上的斑纹演变成了黑色的土地，草儿冒出了嫩芽。小牛不见了，在棕黄色的土地上一幕幕季节的场景上演了：花儿盛开，草长莺飞，风来雨至，雪花漫天。春天又来了，镜头拉远，白茫茫的雪地边，露出了小牛的一只耳朵。镜头继续拉远，小牛黑白相间的脊背清晰可见。镜头再拉远，小牛又矗立在了粉红色的背景里，它的角儿长出了一点点。

这本书一共 32 页，只有简简单单的 77 个字，如果把这些文字集中在一起，就是一首儿童诗。春天来了 / 雪融化了 / 泥土露出了脸 / 草

耕牛

儿冒出了嫩芽／花儿开了／草儿长得很茂盛／风儿吹过／暴风雨来了／很安静／下雪了／雪花铺满地／到处白茫茫／春天又要来了／雪融化了——／小牛的角长出了一点点。这样的表达形式，使用了最基本的名词、动词等实词语素，运用了主谓结构这样最基本的语句形式，对自然形态进行了最单纯的描述，极其简洁。

本书在绘画上也是极简主义。大部分的画面分为上下两大部分，以三分之一和三分之二的比例进行了划分，这非常符合摄影中的三分构图法，视觉舒服，重点突出。作者对颜色的捕捉更是敏锐，同色块大面积的使用让我们看到了一种单纯的力量。棕黄→橙黄→明黄→浅黄，黄绿→深绿，深棕→深紫→酱紫→粉红，这一系列渐变色的广泛运用让我们感受到了色调的流变。颜色在一点一点地变化，时间在一点一点地流逝，生命在一点一点地长大。

本书最精彩的地方在于文字和图画的若即若离。刚开始时，文字和图画是疏离的，文字讲述季节的变化，图画的主角则是一头小牛。随着镜头的推进，小牛的身体与大地的形态融合在了一起，文字和图画开始合奏。后来随着镜头的扯远，文字又开始疏离，但到最后那句“小牛的角儿长出了一点点”，文图达到了高度的契合，经过一系列的铺垫之后，读者豁然开朗，有意犹未尽之感。

家中的小朋友非常喜欢这本书，她注意到了小牛身上的黑色斑块最终演变成了万物生长的大地，她关心风儿吹过时小女孩头上那顶飞起的帽子，她在乎暴风雨中踟蹰前行的路人那把打不开的雨伞，她好奇一片金黄的秋天里，那个安静的女孩吹的是什么乐器，她最喜欢雪地里那四个尽情玩耍的小孩儿，最有趣的是，小朋友还兴致高昂地为这本书配了一张画。

春夏秋冬的季节变迁融会在了一头稚气十足的小牛身上，作者的巧妙构思和大胆联想让我们叹服，而书中传递出的时光感叹和生命情怀也让人分外感动。又是一年春意盎然，那只小牛壮实了不少。日子像流水一样从指间流过，我的那个小朋友也在悄然长大，她的个头已经到了我的胸口，她的头发已经梳起了小辫儿，她已经开始迷恋蕾丝边和白纱裙。宝贝儿，愿时光的雕刻让你更加亭亭玉立！

64

秋天的精灵

——《落叶跳舞》

一片落叶可以做什么？那么的轻，那么的薄，那么的渺小，那么的脆弱。不过，秋风乍起时，它们可以悠悠地飞起来，欢快地起舞。冷冷的寒风中，它们可以一飞冲天，热烈地跳舞。秋天的精灵——《落叶跳舞》，文 / 图：伊东宽，译：蒲蒲兰，二十一世纪出版社 2007 年出版。

拿到书首先映入眼帘的是封面上的两个落叶小人，他们露着大板牙、咧着大嘴巴嘻嘻嘻地冲我们笑，那俏皮的模样和婀娜的动作极富动感和韵律，怪不得书名叫落叶跳舞呢。

一片片落叶经过裁剪、拼贴、组合变换成了千姿百态的树叶精灵，这里面既有手舞足蹈的人物，也有活灵活现的小动物，每一个都神态各异、栩栩如生。我们由衷地感叹作者的创造力和想象力，长长的叶子一拼贴就是人物的身体，圆圆的叶子抠两个洞就是脸部的造型，把叶子的茎部黏在一起就是头发和胡子，我们能清晰地看到叶子的脉络和纹理以及边缘处的锯齿，作者当时创作这本书时除了巧思妙想之外一定是极为认真和仔细的。

本书的文字部分极为简约，加上标点才 158 个字。但是仔细分析和阅读会发现它是一首有章有节、有起伏有呼应的散文诗。“沙沙沙，起风了。轻轻地，风停了。我们是奇妙的落叶呀。”开头部分的引入是一种轻描淡写式的，连图画也是，很多的叶子聚集在一起，既有普通的落叶，也有经过作者加工过的落叶小人儿。这里要注意一个细节，“我们是奇妙的落叶呀。”短短的一句话分放在一个大开页的两个单页中，读者在阅读的时候会自然而然地放缓语气，突出“奇妙”二字。

中间的部分看似是单纯的白描式速写，其实还是分层次的。“静悄悄的冬日树林，我们欢快地起舞……冷冷的寒风中，我们热烈地跳舞……”落叶精灵们在静悄悄的树林里是一种自由玩耍的欢快情形，而到了冷冷的寒风中，他们乘着强劲的风冲二天空，则是一种热烈奔放又兴奋的状态。这一部分的拼贴图画非常灵动，我们能看到落叶精灵们曼妙的舞姿、飞扬的情态以及夸张的表情。到了最后一部分，几位落叶精灵摆好 pose，愣愣地站在画面里，配上了这样一句“我们是奇妙的落叶呦”和开头首尾呼应，不过换了一个语气词“呦”，这个“呦”字带有一种自我认可的成分。而翻到最后一页，是一只用落叶拼贴成的猫咪，它张着大嘴，瞪着眼睛，书中没有配任何的文字，估计它是被这些跳舞的落叶精灵惊诧到了。

这本书可以有许多种边读边玩的方法，第一遍观察落叶精灵的情态，模拟它们的表情，演绎它们的动作。第二遍，看看书中的拼贴画都用了什么树叶，小朋友们可以猜一猜哪个是银杏树的叶子，哪个是悬铃木的叶子，哪个又像是细柳叶。第三遍，找找里面有几种小动物，有几个长胡子的老爷爷，有几个戴帽子的人，如此等等。当然，你还可以根据孩子的个人情况和兴趣点来个第四遍第五遍，这不仅有利于拓展孩子们的想象力，还能激发孩子们的创造力。

而体味这本书的最好方法就是在落叶纷飞的日子里带着孩子一起出去走走。房前屋后、广场路边，聆听自然的风声，抚摸粗糙的树皮，捡拾各种的落叶。周末时我和小朋友拿了一个漂亮的袋子，在铺满落叶的小土坡上撒欢儿。黄黄的银杏叶像雨伞又像漂亮的裙子，七叶树的叶子泛着暗红，又大又厚实，悬铃木的叶子有的都可以当小动物的床了。小

缤纷兔

朋友还拿着放大镜，观察树皮、检查叶脉的纹路，一副认真的样子。收集了满满一袋子的落叶，回家一起做树叶画喽……

一片叶子落下来，在走向枯萎的过程中依然快乐地跳舞，书中传达出的恬静淡然的情愫和昂扬向上的氛围让我们不禁感叹自然的伟大和生命的美好！

65

剪出来的季节童话

——《剪纸绘本四季的故事》

一个白羊座的姑娘，用一把剪刀剪出了时光的流转飞逝。这个有“魔法”的神秘女子喜欢画画、看书和养花，她静静地给我们呈现了一只小兔子的季节童话，《剪纸绘本四季的故事》，文/图：伊安，新世纪出版社2013年出版。

在春天这个神奇的季节里，小兔子做了一个美丽的梦。在梦里她变成了一颗种子，破土而出，发芽长大，甚至开出了一朵最美丽的花（《发芽的兔子》）。在夏天的晚风中，小兔子仰望星空，幻想远方的大海。他划着小船真的去了远方，那漂亮的美人鱼、那无人居住的小岛、那古堡中等待救助的公主到底怎么样了（《远方的风景》）。在树叶变黄的秋天里，小兔子背上行囊去找传说中的九色鹿。经过无数次地探寻，在一片花海中，美丽的九色鹿终于现身了（《寻找九色鹿》）。在大雪纷飞的冬天里，小兔子设下小小的陷阱抓住了雪一样洁白的雪精灵，它成了小兔子最珍贵的宝物，可是雪精灵并不快乐，最后小兔子学会了放手（《雪精灵之歌》）。

这是一套非常唯美的书，它由一幅幅精美的剪纸作品组成，那些用剪刀和刻刀精心雕刻出来的图画，有一种摄人心魄的美。那些镂空的印记，那些疏朗的剪裁给人一种空灵之感，你不禁会感叹和好奇到底是哪一个冰雪聪明的女子，能有如此的心灵手巧。书中的故事更是诗意浪漫，在春夏秋冬的季节变迁中，我们感受到了梦想、探索、追寻和爱，那只童话中的小兔子满足了我们对童年的各种幻想。

“春天是个神奇的季节”“美得就像另一场人生”“大海就像星空一样辽阔”“夏夜就这样在晚风中过去”“或许有些事一生只能遇到一次”“世界变得雪白而安静”。当你淡淡地读着这些优美的句子时，你会感觉自己是在静静地聆听一条小溪，是在幽幽地看着天上的一轮弯月，整个人都会沉静下来。书中的文字既是故事的文本，又是一首首优美的散文诗。

这些温馨浪漫的童话深深地吸引了我和小朋友。我们一起寻找藏在书中的精灵，小朋友热衷于给那些精灵起名字，春天里的是花精灵，夏天里的是树精灵，秋天里的是叶精灵，冬天里就是雪精灵喽！书中还有一个有趣的细节，每当神奇的事情发生的时候，都会出现一只戴着皇冠的小鸟，而那本《寻找九色鹿》里小鸟出现的次数最多。

这套书的作者伊安，是一个兰心蕙质的女子，文学学士，哲学硕士，后又于芝加哥艺术学院主攻绘画。这套书让我们见证了剪纸这门古老的艺术形式如何在中西文化的交融下熠熠生辉，而我们被那些唯美的画面折服的同时，也能感觉到那些温柔安宁的故事背后隐藏着丝丝缕缕的忧伤。为什么每个故事都是献给妈妈的？为什么会有“有些事一生只能遇到一次”这样的语言？为什么所有的故事都要讲给妈妈听？童书的编辑告诉我们这是作者潜心三年打磨的作品，也是伊安送给已经过世的母亲的一份礼物。看到这里不禁心中一颤，原来这是一份爱的纪念，怪不得那么楚楚动人又直指人心。

66

跳进图画里

——《美术馆奇遇》

长长的国庆假期，真应该带着孩子出去走走。可是动物园、游乐场人满为患，自然博物馆七天全部预约满了。能去哪里呢？咦！发现了一个清静的好去处——中国美术馆。可是怎么诱惑一个四岁的小孩子去接受那么高大上的艺术熏陶呢，那就从一个神奇的故事开始吧！《美术馆奇遇》，文：［法］玛戈达莱娜·格豪·于连，图：艾尔莎·于艾，译：武娟，连环画出版社 2013 年出版。

一个小男孩被妈妈拽进了美术馆，他有点百无聊赖，突然一幅画中的女孩儿活了过来，她邀请周围画作中的小猫、小狗、小鸟来到自己的图画中，那个无聊的男孩儿也跳进了画里。美术馆的灯熄灭了，墙上的画亮了起来，他们开始了一段奇特的旅程……

这本书中处处都是画，不仅美术馆中陈列着各种各样的画作，孩子们奇特的探险也是在画中穿行，波涛汹涌的大海，美丽的塔希提岛，甚至于躺在长椅上睡着的妈妈也成了一幅画。这本书可以让孩子一边欣赏，一边寻找，哪幅画里藏着一只汪汪叫的小狗，又是哪只黑猫跳进了女孩的画中。书中有一个细节，美术馆的管理员也跳入了画里，还当上了船长，他不忘善意地提醒“别忘了，明天你们都得回到自己的画里去，要不然我的麻烦就大了。”这么异想天开的探险竟然还有大人的引领和参与，小孩子会觉得格外有趣。

就是在这样一本书的引诱之下，小朋友和我们一起走进了美术馆。美术馆很大，作品也很多，分不同的区域，还有主题画展，小朋友最感兴趣的还是比较写实的画，她偶尔会冒出一句“这幅画跟真的一样”，其中有一幅《笼中对》孩子最为喜欢，她还像模像样地解读了一番。但是这么多画高高地挂在墙上，对那么个小小的人来说还是有些枯燥和无味，最后我们跑进了商品区，小朋友挑了一个刮线画，而且迫不及待地要拿出来操作，就这样她在美术馆的走廊里涂涂抹抹，弄完之后，她说了一句“我好想跳进这幅画里呀！”这也算是对这本书的一个回应吧！

很多大人都热衷于对小孩子进行艺术的熏陶和教育，他们会乐此不疲地带着孩子去听音乐会、去看画展，可是好多时候那些美好的初衷都会事与愿违，对于小孩子来说有趣和好玩应该更重要一些。我们的这次美术馆之行还算有所收获，看来奇幻故事的“勾引”很重要呦！

67

在色彩中游历

——《帽子先生和他的独木舟》

一位头戴帽子的帽子先生，一场五彩斑斓的色彩游历，一次感知世界的心灵之旅，色彩绘本《帽子先生和他的独木舟》，文 / 图：［法］热罗姆·吕利耶，译：宋美慧，河北教育出版社 2009 年出版。

帽子先生住在森林里，他觉得很无聊，决定划着独木舟去逛逛。他穿过一片闪亮耀眼的鲜红，穿过了一片闹哄哄的灰，穿过了噩梦般的黑，穿过了像太阳一样光芒四射的金黄，穿过像天空一样美的蓝……

形容灰色竟然用了“闹哄哄”这样的修饰语，形容黑色竟然类比了“噩梦”这样的情景，这本书的语言带给了我们诗意的感受，也让我们相信色彩是有感觉的，是有情绪的，是有性格的。我们似乎能听到那嘈嘈杂杂的吵闹声，似乎能看到那满世界的金黄和灿烂，似乎能感觉到那黑黢黢的压抑和沉闷。

这个故事最大的亮点在于创意地运用了色彩。每一个大开页中都有一个主题颜色，翠绿、鲜红、暗灰、黝黑、金黄、蔚蓝，这基本上囊括了色彩谱系中最常见的基本色。大面积单纯色的大胆运用，带给人一种扑面而来的视觉冲击力。帽子先生在游历时，色彩在有趣地转换，有时是颜色的强烈对比，比如绿和红、黑和黄。有时则是相近色的顺势延伸，比如灰和黑、蓝和绿。面对这么多斑斓夺目的色彩，让人感觉创作这本书的人一定首先是个画家，要不怎么能那么游刃有余地掌控色彩。这本书甚至可以当作小孩子的色彩启蒙书，色彩游戏拓展、绘画手工涂鸦，可以尽情地发挥和演绎。

这本书除了那些打动人心的色彩外，图画中还藏着许多的“秘密”。家中的小朋友热衷于寻找书中潜藏的细节：原来绿森林里有好多长尾猴和巨嘴鸟，还有昏昏欲睡的大鳄鱼；原来红色的城市里人们是那么的欢快和热情，连房顶都有奔跑的猫咪；原来灰色的世界里那么的吵闹，噼里啪啦、咯噔咣当的乱哄哄一片，有一个车厢里还装载着一只郁闷的小猪；黑色的世界阴森恐怖，有会吞人的洞和样子吓人的大怪兽；金黄的大太阳真是让人心情愉快，帽子先生喜笑颜开；蓝色的大海让人感觉非常惬意和自由，那只大鲸鱼可是有些调皮呦！

这是个游历的故事，帽子先生最初百无聊赖，旅行让他见识了世界的缤纷与多样，他的心情也是此起彼伏，或欢快或阴沉，或恐惧或明亮，或惬意或欣喜。最后回到家的帽子先生感觉自己的世界不一样了。他拿起画笔，不停地画，不停地画，经过了黑夜、白天、日落、清晨……他甚至激动地向这个世界宣告，他的世界是多么的美丽。

这个看似简单的故事，其实意味深长，充满了隐喻和暗示。也许我们每一个人心中都住着一个帽子先生，当枯燥和乏味充斥着我们的生活时，何不划起独木舟来一次游历和远行，世界的色彩斑斓会唤起你那颗敏感的心，生活的千姿百态会让你发现不一样的生活和不一样的自己。

68

达 · 芬奇竟然是个大吃货

——《世界上最大的蛋糕》

那个伟大的画家达 · 芬奇先生竟然是个十足的吃货：吃着早饭时，他在想中午吃什么。画着画时，他在想画完吃什么。就连拉臭臭时都在想拉完吃什么。意大利的公爵想要一个特别的结婚礼堂，这个大吃货想出了用蛋糕搭建礼堂的主意，这段逸闻趣事成就了一本书——《世界上最大的蛋糕》，文：［韩］安英恩，图：［韩］金成姬，译：李春晖，中信出版社 2015 年出版。

达 · 芬奇是个十足的行动派，他喜欢做饭，他把一些奇奇怪怪的想法都转化成了创造发明，看看他都发明了什么吧：捣蒜的工具、拔鸭毛的工具、剁肉的工具、自动烧烤架、餐巾纸、三股叉、左撇子专用启瓶器……哦，这个吃货太有想象力和创造力了。

这些还都不算什么，他竟然设计了一个用蛋糕搭建的结婚礼堂，你知道那得用多少个长宽高都是 1 米的蛋糕吗？ 17 000 个呀！用多少袋面粉，多少个鸡蛋，多少罐牛奶吗？都是翻了倍的数量呀！这么大的工作量又激发了达 · 芬奇的创造欲望。这不，出现了和面的机器“嘿呦”和挤压核桃的机器“咔嚓嚓”，还有运送蛋糕的滑轮机。当然也不是所有的发明都成功，当达 · 芬奇驾着飞行器在蛋糕上抹着蜂蜜和奶油时，他一头扎进了蛋糕里，狼狈不堪的样子甚是好笑。

蛋糕礼堂终于大功告成了，香气传遍了意大利的每个角落，那些鸟呀、猫呀、狗呀什么的，以及饥饿的村民们全都来了，吧唧吧唧、嘎巴嘎巴、咯吱咯吱、咕咚咕咚，大家全都大口大口地吃起了蛋糕，结婚礼堂乱成了一锅粥。那个爱折腾的达·芬奇呢，在远离王宫的丛林中，又在写写画画，不知道他又会做出什么让世人大吃一惊的事情呢！

这个以真实人物为原型的故事，可以说是关于达·芬奇的最有趣的绘本了。它以吃货为切入点，把一段鲜为人知的逸事改编成了一个轻松幽默的故事，里面不仅融合了很多达·芬奇的创造发明，还巧妙地引入了数学、建筑、力学等小知识。书的最后部分设计了“突击采访”的环节，还附有达·芬奇爷爷画的设计图，这对小朋友们进一步了解达·芬奇非常有帮助。

小朋友被这个大吃货的故事深深吸引，尤其是对书中那个大开页的超级大蛋糕垂涎欲滴，恨不得直接咬上一口。这个聪明又搞怪的达·芬奇也让我足足地吃惊了一把，原来他不只是画家，还是建筑师、发明家、科学家。这个满脑子都是奇思妙想的人真应该深入地了解一下，查阅资料，找到了他的传记《列奥纳多·达·芬奇：放飞的心灵》。宝贝儿，等你长大了一定要看看这本书，了解一下这么伟大的人物有一个多么自由的灵魂。

这本《世界上最大的蛋糕》是2015年博洛尼亚儿童书展获奖作品，作为一本新书，很多出版人、儿童教育家都进行了推介，仔细翻看，深感此书的意义重大。当然，我们不奢望每个人都成为达·芬奇，但是他身上所具有的优秀品质，比如“不可遏制的好奇心”和“极其活跃的创造性想象力”，应该值得我们每一个人思考。

69

指象为猫的图画书

——《我的超级大笨猫》

这到底是一头象还是一只猫呢，有些说不清。封面上一只憨态可掬的大象呆萌地注视着我们，这明明画的是一头象嘛，而作者却说这是《我的超级大笨猫》，文/图：吉乐·巴士莱，译：武娟，连环画出版社2009年出版。

这本书有两个书名页，第一页上书名很小，偌大的12开的白纸上就一行小小的字（目测观察顶多是四号字体），再翻开来还是书名页，字体码数陡然倍增，几乎占满了页面的三分之一，而且“我的”这两个字尤其大。猫很小象很大，从一开始作者就把我们置身于这种大小是非的矛盾冲突之中，你不用质疑不用纳闷他就是想这么写。所以我们看到书中到处画的都是一头象而文字的部分却一直在说这是一只猫，而实际上作者从来没有纠结过象和猫的问题，从他给巴黎自然博物馆馆长的信件中就可以看出来：“我在这本书里从来没有画过大象，我画的是猫。”大象的外貌，猫咪的灵魂，我们姑且这么理解吧。

文字和图画交织表达，共同承担叙事责任是这本书的一大特点。有时文字轻描淡写，图画负责细节丰满。“我的猫吃饱了睡，睡饱了吃，吃饱了又睡”，给这三个小短句配图的是9幅分格画面，那只“猫”或躺或卧，或站或立，伸胳膊撂腿的极具动感，而这样生动的画面一下子让故事鲜活起来。有时文字言不尽意，图画延伸补充。“但大多数时候，我的猫并不需要沙发。”文字到此为止，图画部分则安排了这只猫藏在书下、钻进洗衣机、趴在电视上、卧在工作台上的画面。

几乎整本书中的文字和图画都是这样一种既疏离又勾连，既交织又补充的状态，这会给小读者带来很多的兴奋点，比如那句“我的猫一直住在干净的寓所，从来没有见过老鼠”，配上的图画则是，这只“猫”看到一幅老鼠吐舌头的画像时惊慌失措、汗毛倒立的囧样，小孩子会嬉笑成一团。

这是一本让我和小朋友都很操心的书。小朋友操心地和作者一起给大笨猫挑选颜色：虎斑的、豹纹的、白毛的、奶牛样的……而我则操心地研究着被作者“蹂躏”的那些世界名画（作者把每一幅名画的主角儿都变成了那只大笨猫）。最后我们各有所获：黑白相间的那个应该是獾的颜色吧，那个白色长毛的可能是一只白熊，最后小朋友认定了那个金黄色的带音符的最好看。而那些世界名画应该有《维纳斯的诞生》《吹笛子的少年》《苹果和橘子》等。

这本书用幽默轻松的语言、生动有趣的图画，表现了主人对一只动物的宠溺：任由它慵懒、调皮和捣蛋，和它一起工作、娱乐和游戏。当你完全沉浸在这本书中时，你就不会再纠结它到底是象还是猫，既然作者说这是他的超级大笨猫，那就是啦！有趣的是小朋友自始至终对这个事儿就没有纠结过，好玩的故事已经把她深深地吸引。这本书获得了法国的图画书大奖——面包树奖，作者无拘无束的想象力和自由创作的精神应该是感染小朋友们的根本原因。

指象为猫又怎么样呢，还不是照样赢得孩子们的芳心！

70

跟着大师玩创意

——《形状游戏》

每个孩子的小脑袋瓜里都装着一个天马行空的大世界，如何进一步激发他们的想象力和创造力呢？看看绘画大师小时候都是怎么玩的吧！

《形状游戏》，文 / 图：［英］安东尼 · 布朗，译：宋珮，河北教育出版社 2010 年版。

翻开书，画面中是一个男人的侧影，他戴着眼镜、头发花白，拿着画笔在灯下认真地画画，故事以一种回忆的口吻向我们娓娓道来：“那年，我还是个小男孩儿，不知道自己想要什么。妈妈在她生日那天出了一个主意，要我们全家去一个不一样的地方。结果，那一天彻底改变了我的人生。”这是一本具有自传性质的绘本，作者安东尼 · 布朗是超现实主义画派的代表人物，其绘本《我爸爸》《我妈妈》以及大猩猩系列在世界各地广为流传。

原来妈妈带领一家人去的地方是美术馆。刚开始时这一家人显得有些冷漠和疏离，爸爸不咸不淡地讲着冷笑话，哥哥乔治因为耽误观看一场球赛而有些郁郁寡欢，大家不情不愿地跟在妈妈身后，书中的画面也传达出了这种沉闷的气氛，天空和高楼、湖水和马路以及行色匆匆的四个人，都是以灰暗色调为主。

走进庄严肃穆的美术馆，里面挂满了古老的名画，最初大家都有些紧张和局促，不过，经由妈妈的介绍和讲解，一家人开始渐入佳境，气氛变得有趣和搞笑，我们看到大腹便便的爸爸化身为名画中的父亲，给孩子们讲故事，不过画面中充斥着各种各样的香肠呦。我们看到作者巧妙地把名画中的每一个人物都换成了爸爸的样子，甚至于那只牵着的花狗和穿着热裤的女郎都搞笑地换成了爸爸的头像。戏谑和调侃让这次美术馆之旅充满了欢乐的气息。我们高兴地看到回家的路上，一家人温馨快乐的样子，连周遭的世界都充满了明朗的色彩。

在这本书中出现了许多的名画，例如《它发怒的日子》《过去和现在》《皮尔斯少校之死》《罗利的童年》《被狮子吞吃的马》《戴了徽章的自画像》《会面的哈克尼先生，祝你今天愉快》，等等，这些古老的名画对于我们这些非专业人士来说有些陌生和遥远，尤其是当你在网上检索都查不到太多信息的时候。不过大家也不用觉得尴尬和窘迫，就当和孩子一起真的去了一趟美术馆，接受了一次艺术的熏陶，况且我们足不出户就能欣赏到这么多大师之作，岂不是一件美哉乐哉的事情。

这本书中还安排了小孩子们非常喜欢的游戏“找不同”，只不过是在名画里找。《柯蒙迪雷女士们》中的两个女人乍一看好像一模一样，其实有很多细微的差异和区别。而那幅站在船上的男人的画，安东尼·布朗更是独具匠心，他偷偷地改造、精心地替换，头顶的帽子换成了一只黑猫，衣领变成了一只鸟，悄悄地加上一个纽扣，等等，里面藏着很多神奇的奥秘，大朋友可以和小朋友一起快乐地寻找。

在最后部分，安东尼·布朗给我们提供了一种图画游戏的玩法，先由一个人画出一个形状，任何形状都可以，不需要像什么东西，另一个人通过添加变幻出一幅奇妙的画作。这个游戏真的很棒，让绘画大师受益终生，怪不得他感慨地说：“从那个时候起，我就一直玩着形状游戏……”循着书中的方法我和小朋友也玩起了形状游戏，下图中红色线条是我画的，黑色线条是小朋友自己演绎的，我们玩得兴致高昂、不亦乐乎。亲爱的大朋友们，拿起画笔和孩子一起玩吧，相信每个孩子都能

画出让我们刮目相看的东西。

这本带有鲜明个人色彩的绘本给了我们很大的启发，一次平常的观赏、一个玩耍的游戏可能会激发孩子一生的志趣，而知道自己想要什么又是多么难得的人生理想。

71

乌克兰民间故事
——《手套》

大雪纷飞的日子里，一位老爷爷在林子里走呀走，他丢了一只手套。小老鼠发现了，钻了进去，青蛙看见了，住了进去，后来兔子、狐狸、大灰狼、野猪、大狗熊竟然都想要住进去，那么小小的一只手套能住进去这么多人吗？乌克兰民间故事《手套》，编绘：叶夫格尼·M·拉乔夫，译：任溶溶，二十一世纪出版社 2011 年出版。

老爷爷丢的那只手套看着就暖和，厚厚的，还有那么长的毛毛边，怪不得寒冷的冬天里动物们都想住进去呢。有着尖尖爪子的小老鼠最先发现了它，它一下子就钻了进去，紧接着不断有人来敲门，“里面住着什么人？”“我是有尖尖爪子的小老鼠，是谁在叫门？”“我是蹦蹦跳跳的青蛙，让我住进去行不行？”“请进。”整本书采用的都是这样一个统一的叙事模式，在这样的一问一答中，大大小小的动物都住了进去。全书的故事节奏非常紧凑，基本上翻开一个大开页，就会有一个动物登场，在这样的开开合合中，读者会有一种轻快、愉悦的感觉。

本书的语言有很多的重复，有人可能会觉得烦琐，其实这正是儿童绘本的巧妙之处，当孩子们很小的时候，对语言的运用还不是很娴熟，而一句话反反复复地说会加强他们对语言的认知，而且本书译者任溶溶老先生的翻译确实精妙，朗朗上口又韵味一足，他给每个动物都加上了一个形象化的描述，“跑得快的兔子”“爱打扮的狐狸”“长着獠牙的野猪”，等等，孩子们一下子就记住了这些动物的特征。

这本书的绘画太精美了，写实中透露着细腻，生动中彰显着情趣。那些悉数登场的动物们可都是乔装打扮过的哟！小老鼠穿着粉色的背心裙，青蛙系着红黄格子围裙，野兔肩上扛着个包袱，狐狸穿得很花哨，大灰狼戴了一顶毛线帽，最逗的就是那只野猪，他竟然穿了一件偏襟的长外套，嘴里还叼了个大烟斗。这些逼真的动物们穿上了拟人化的衣服，一下子就让画面有趣起来，再配上定格化的动作，托着腮、张着嘴、背着手、拄着棍等，整个画面都非常的灵动和鲜活。

随着故事情节的演进，那只丢在雪地里的手套不断地“添砖加瓦”，支了一个梯子，加了一个房檐，开了一个窗户，多了一个烟囱，这简直就是一座地地道道的房子嘛！细心的小朋友还发现门楣上还有钉子和铃铛呢。

本书的结尾有些魔幻色彩。那只憨态可掬的大狗熊弓着腰，背着手，非要挤进手套里，手套边迸出了一条天大的裂缝。就在这时丢了手套的老爷爷带着他的猎狗来找手套了。猎狗看着手套一动一动的，汪汪大叫，吓得大家都跑掉了。画面中并没有出现老爷爷和猎狗的形象而是回到了本书开头的画面，白雪皑皑的地上有一只孤零零的手套。故事戛然而止，闹剧轰然结束。这种只闻其声不见其人的巧妙设计让人有意犹未尽之感。

这个故事非常适合角色扮演，在亲子阅读时可以家中成员齐上阵，扮演不同的小动物，每个人都配上夸张的动作和表情，有趣的家庭小剧院就可以开始啦，我们还可以自由演绎和任意发挥，小孩子会沉浸在故事的情景中而无法自拔呦！

你还会质疑那么小的一只手套怎么会装下那么多动物吗？当然不会，孩子的世界天马行空，想象的空间无穷无尽。这个神奇的手套带给了我们一种幻想的力量。

72

有人蓄谋了一场恶作剧

——《动物绝对不应该穿衣服》

一对夫妇，他们一个写文，一个画画，他们一唱一和、不动声色地蓄谋了一场令人啼笑皆非的恶作剧——《动物绝对不应该穿衣服》，文：［美］茱蒂·巴瑞特，图：［美］罗恩·巴瑞特，译：沙永玲，上海人民美术出版社 2011 年版。

让动物们都穿上衣服怎么样？这是不是个具有人道主义精神的好点子？哦！ NO，这绝对是一个馊主意。巴瑞特夫妇坚定地向全世界宣布：动物绝对不应该穿衣服。为了证明自己是完全正确的，他们不惜真的给动物们穿上了衣服。

好戏上场，恶作剧开始了：一只豪猪穿上了一件白底红点的漂亮睡衣，结果灾难降临了，那件衣服被扎得千疮百孔、支离破碎；一头双峰驼迷上了戴帽子，可是它在不该打扮的地方乱打扮，你看看一个驼峰上顶着个礼帽，一个驼峰上顶着个棒球帽，这也太不搭调了吧；光溜溜地小花蛇非要配上一条红色条纹裤，裤子很显瘦，但是费半天劲儿也穿不上呀；老鼠的帽子优雅又漂亮，就是太大了吧，小老鼠都在里面迷乱了。橘色毛衣配上格纹围巾，看着好大牌呀，可是绵羊热得呼哧呼哧要中暑。肥猪的条纹衬衣配上红色领带本来挺帅气的，可是却搞得脏兮兮。

还有更惨的呢！母鸡的绿底白花裤子本来挺前卫的，可就是鸡蛋卡在里面，上不去又下不来，太难受了；长颈鹿倒是挺不赖，可以打上各式各样的领带和领结，但是这样穿戴整齐也太傻了吧；山羊的衬衫裤子多时尚呀，可是这个不争气的东西却非要偷吃衣服当午餐，结果屁股都露出来啦；海象的西服领带加礼帽多绅士呀，可就是湿嗒嗒地在滴水；麋鹿的背带长裤多青春靓丽呀，可是它就是来来回回怎么也搞不定；负鼠的衣服有好几套，可是他们总是糊里糊涂穿倒了。

最最重要的是，万一撞衫的话，大家会非常尴尬。你看看，一位女士，头顶花朵帽，身穿连衣裙，手拿小坤包，脚踩高跟鞋，多么的优雅和高贵呀，可是如果她和一头大象穿得一模一样岂不是有点难堪呀！

巴瑞特夫妇是讲笑话的高手，他们一边一本正经地把那些动物描绘得栩栩如生，一边又嬉皮笑脸地给动物们穿上花里胡哨的衣服，这样严谨的写实与肆意的想象交织在一起，激发出了惊人的幽默效果。

这本书在配色上也是可圈可点。动物穿上衣服那页采用的是大量留白的形式，没有任何的背景颜色，而搭配文字的那一页则采用非常明朗的纯色系，如荧光绿、香橙橘，都是些视觉刺激非常强烈的颜色。在图文的搭配上或者同色相配或者撞色互搭，醒目突出，干净利索。

这本书我和小朋友一起看了很多遍，每一次都兴致高昂、嬉笑一团，后来我们还演绎出了多种玩法，比如给那些倒霉的动物配上语言，竟然会有画外音的效果呦，比如我们顺着书中的思路自由演绎，给河马戴个超级大口罩呀，给章鱼穿上条纹袜呀，等等，忽然觉得生活处处充满幽默的气息。

这出超级搞笑的恶作剧风靡了美国三十多年，这本超级好玩的绘本也赢得了无数大朋友和小朋友的欢心。松居直先生在《幸福的种子》中说："图画书对幼儿没有任何'用途'，不是拿来学习东西的，而是用来感受快乐的。而且一本图画书愈有趣，它的内容愈能深刻地留在孩子的记忆里。"相信这本《动物绝对不应该穿衣服》带来的快乐会深深地印在孩子们的脑海里，说不定在他们成年之后的某一天，想起那个馊主意，想起那出恶作剧依然会哈哈大笑起来。

73

绘本中的黑暗料理

——《一个黑黑、黑黑的故事》

一顿晚餐黑不溜秋、暗不拉叽，实在是卖相不好看呀，不知道滋味会怎样呢？那就先尝尝吧。今天的绘本就像一盘黑暗料理，《一个黑黑、黑黑的故事》，文 / 图：［美］露丝 · 布朗，译：敖德，河北少年儿童出版社 2014 年出版。

“从前，有一片黑黑、黑黑的荒野。荒野上，有一片黑黑、黑黑的树林。树林里有一座黑黑、黑黑的房子。房子的正面，有一扇黑黑、黑黑的门。……”还真是应了文章的题目，不仅文字中那么多“黑”字，图画也都是一片暗沉。书中的每一页都营造出一种幽暗诡异的气氛：夜黑风高的夜晚，迎风翱翔的猫头鹰，雾气氤氲的森林，斑斑驳驳的古堡，蛛网交织的房间，面目狰狞的雕像，夸张怪诞的窗帘，如此林林总总传达出一种阴森恐怖的信号。

这样的书小孩子肯定会吓坏了吧！其实不然，无知者无畏，小孩子头脑里没有那么多先验的认知感受，大人们觉得可怕的事他们不以为然，就像我家宝贝儿一样，她不仅不害怕，还很喜欢这本书，一口气让我读了好几遍。仔细探究发现，这本书具备了成为优秀图画书的诸多关键要素。

首先，语言简单，故事悬疑。本书采用的是最传统的讲故事模式“从前有座山，山里有座庙，庙里有个老和尚……”。这样的叙述方式就像放风筝，拽着你跟着它跑，而且书中反复出现“黑黑、黑黑”这样的词语，一遍遍地重复，一遍遍地强化，一环扣一环，一点点地勾起你的好奇心和探究欲。故事中的场景不停地变换，从荒野到森林，从古堡到房间，每到一个地方都会有疑问，下一个场景是什么？到底会发生什么事情呢？读者会紧紧跟着作者一步步地往前走，直到最后谜底彻底揭开。这种悬念的诱惑无论对大人还是对孩子来说都是很难抵御的。

其次，图画精美，细节丰满。尽管全书都是以暗沉色调为主，但是作者不忘给每一个画面安排一个可以透视的光源，或从上倾泻而下，或穿窗一扫而过。这样的设计实在是高明，黑暗中透出一丝隐隐约约的光，才更能渲染幽暗的氛围。这本书中几乎每一页都能发现有趣的细节：杂草丛生的荒野中，有几只兔子和老鼠正窝在草丛里瞪大眼睛，浓密的森林里隐藏着各种大大小小的眼睛，还有蝙蝠的影子影影绰绰。房间的大门已经偷偷地开了一条小缝，那只猫伸头探望。那个黑黑的橱柜，柜腿竟然设计成了动物的爪子，如此等等可以看出作者的巧思妙想。封面上的那只黑猫几乎在每一页上都出现了，或探出头，或露出尾巴，或直挺挺地站在画面中央，我家的宝贝儿每次翻看都会乐此不疲地寻找。

再次，结局开放，欲言又止。绕了那么一大圈，经过了那么多的铺垫，我们的心一次又一次地被悬起来，可是最后的答案却出乎我们的意料。原来只是一只瑟瑟发抖的老鼠而已。看着它紧紧地揪着被子，瞪着圆圆的眼睛，支棱着硕大的耳朵，一副惊恐万分的样子，我们不禁莞尔一笑，一切豁然开朗。其实故事到此并未结束，黑猫发现了老鼠，后来会怎样呢，这样开放的结局留给了我们无限遐想和自由演绎的空间。

看来今天的黑暗料理还不错嘛，细嚼慢咽，有滋有味。

74

诙谐热闹的轻喜剧

——《晚安，猫头鹰》

有人安安静静想睡觉，有人叽叽喳喳在吵闹，习性迥异的动物们演绎了一场诙谐热闹的轻喜剧！《晚安，猫头鹰》，文/图：［美］佩特·哈群斯，译：余治莹，河北教育出版社 2008 年出版。

一只猫头鹰想睡觉，它在一棵大树上打起了盹。可是蜜蜂嗡嗡嗡地飞来了，松鼠、乌鸦、啄木鸟、云雀……都来了，这个叫，那个吵，这个唱，那个闹，太嘈杂了，猫头鹰根本就睡不着。天黑了，动物们都睡着了，四周终于安静了，可是猫头鹰“呜呼”——大叫一声，把所有的动物都吵醒了。

真是个妙趣横生的故事，那一棵高耸入云的金黄色大树，简直就是一个缤纷绚烂的大舞台，动物们粉墨登场，纷至沓来。松鼠咔哧咔哧啃着坚果来了，乌鸦哇哇哇地大叫着到了。啄木鸟笃笃笃地开始啄树洞，云雀则唧唧啾啾地站在树枝上尖声吵叫。小朋友对那个松鸦挺好奇，那个嘎——嘎——嘎的声音怎么和鸭子一样呢，我只好把声音拉长，以示区别。宝贝儿喜欢布谷鸟和知更鸟的声音，自己撅着小嘴儿，一会儿布谷布谷，一会儿哔噗哔噗。这本书中涉及许多象声词，小朋友们可以一边认知动物一边模拟声音，特别有趣。

月下

猫头鹰

面对这么嘈杂的局面，那只猫头鹰可是淡然，每来一种动物，它都会睁开一只眼睛，睥睨一下。动物们的方位不同，猫头鹰的眼神也不一样。看着猫头鹰的两只眼睛上下左右转了整整一大圈，真是太搞笑了。每一个动物登场都会伴随着一句旁白："猫头鹰好想睡觉呀。"反反复复这样一句话，既强调了情节的发展，又积蓄了情感的爆发。别看猫头鹰一言不发，它可是憋着坏呢，"你们吵吧，你们闹吧，哼！看我怎么收拾你们"。

天黑了，黄澄澄的弯月升起来，深紫色的天空下，一片静谧。鸟儿们头挨头依偎着睡在一起，松鼠则像猫咪一样，把尾巴卷曲起来靠在树枝上。那只猫头鹰终于等到机会了，它狡猾地环视了一下四周，我们甚至都能看到他捂住嘴巴在窃笑，嘿嘿嘿——我要出大招啦！展开翅膀，大叫起来，呜呼——呜呼——，所有的动物都被吓了一大跳，人仰马翻，一片混乱。

欢乐的喜剧收场了。我们应该对谁说晚安呢，是那白天吵闹而夜晚安睡的鸟儿们，还是那个白天想睡而夜晚精神的猫头鹰呢？抛却世事的纷纷扰扰，亲爱的宝贝儿，晚安喽！

75

图画书中的悬疑大片

——《老鼠，小心！》

一座无人居住的废弃庭院，一场不动声色的潜行追踪，一双深藏暗处的黄色眼睛，一句关键时刻的及时提醒，悬念迭起的故事《老鼠，小心！》，文：［英］朱蒂·维特，绘：［英］诺玛·伯金，译：王芳，浙江少年儿童出版社 2012 年出版。

一只小老鼠闯入了一座破败的庭院，它钻过石墙，穿过木门，蹿过走廊，爬上台阶，直到钻入一床破旧的被褥里。小老鼠在整座房子里窜来窜去，一只黑猫一直在偷偷地尾随，而黑暗处又有一个黑影一直在悄悄潜行。每当黑猫逼近老鼠的关键时刻，总会有一个声音："老鼠，小心！有只猫正在靠近。"是谁在刻意地提醒？是谁在关注事态的发展？

这个神秘的故事就像一部惊悚的悬疑大片。翻开书，扉页上是一个远景镜头，在一片郁郁葱葱的树木间矗立着一座房子，一棵枝繁叶茂的大树和它遥相呼应，构成近景和远景。版权页和书名页上是特写镜头，那只小老鼠身上的绒毛和胡须清晰可见。一页一页翻看书中的内容，就像有一架摄像机一直在跟随拍摄，从院子到屋内，从客厅到厨房，从楼梯到卧室，每一个场景都非常逼真，那些四处飘零的落叶，那些随处可见的蛛网，那些随风而舞的窗纱，以及那些杂乱破败的零零碎碎都在向我们揭示这是一座曾经怎样真实存在过的老房子呀！

“无人打开的院门锈迹斑斑，每当风吹过，总是发出嘎吱的轻叹……如日落般安静，一个影子悄悄潜行。老鼠，小心！有只猫正在靠近。无人扣响的房门左摇右晃……无人经过的玄关幽暗荒凉……无人烹饪的厨房凌乱污秽……无人攀爬的阶梯与黑暗连通……无人入住的房间堆满杂物……”每一个场景都配上了一段诗意的文字，韵律重复，节奏一致，就像有一个画外音不断回环地轻声诉说。

这是个神秘追踪的故事，如果你草草率率地翻看这本书，很容易把故事定位于猫追老鼠、狗追猫的故事。其实不然，书中还潜伏着另外一位神秘大咖，它经常出现在画面中的高处，树梢上、房门顶、橱柜里、楼梯旁、蛛网后，这些地方显然更适合隐藏一只鸟类。其实书的最后一页，谜底已经揭开，当那只黑猫正要对酣睡的小老鼠下手时，一只大黑狗出来搅局，这时空中又传来了声音：“猫，小心！有只狗正在靠近。”我们看到那个旧相框后面稳稳地站着一只猫头鹰。书中的后环衬给了猫头鹰一个大大的特写，我们真正的主角儿终于华丽现身了。

这个幽暗的故事得到了我家小朋友的青睐。她热衷于寻找那只潜藏的眼睛。那双眼睛隐秘于书中每一页的最暗处，角角落落、遮遮掩掩。我们得瞪大眼睛，仔细查看才能发现，这不仅增添了故事的神秘色彩，也还带来了探索的乐趣。

阅读这本书就像观看了一场惊险的电影，镜头移步换景，叙事层层铺垫，氛围幽暗诡秘，故事惊心动魄，没想到图画书能带给我们如此丰富的阅读体验。一本书传递出了一部电影的气息，请记住它的名字《老鼠，小心！》。

76

小书本大派对

——《动物狂欢节》

一本书瘦瘦小小，讲述了一场盛大的狂欢派对。一本书开开合合，带给你酣畅淋漓的快乐体验。小书本里藏着一个大派对——《动物狂欢节》，文/图：［加］玛丽安·杜布克，译：张晔，少年儿童出版社2012年出版。

狂欢节要开始啦，所有动物都受到了邀请。这可是一个必须要化装的狂欢节呦！大家都进行了精心打扮：狮子化装成了大象，大象化装成了鹦鹉，鹦鹉化装成了乌龟，乌龟化装成了小红帽，小红帽则化装成了蛋糕……哦，动物们挖空心思的乔装打扮真是太逗了。他们完全不按常理出牌，长颈鹿黏上一堆小触角扮成了千足虫，而千足虫则藏起了自己的脚化装成了小鱼。还有那么凶巴巴的犀牛非要装扮成可爱的小鸡，那么漂亮的小瓢虫非要扮成灰不溜秋的大河马，而黄黄的海星非要涂得黑黑的，扮成黑豹。啊呀——大家的想法都太奇特了，都分不清谁是谁喽！

这本书是48开的小版本，手掌大小的尺寸，携带起来非常方便。别看书的开本不大，里面的内容可是不少，在110多页的篇幅里，前前后后涉及了50多种动物。整个故事就像是大接龙一样，动物们一个一个地串联了起来。瓢虫化装成了河马，河马化装成了犰狳，犰狳化装成了龙虾，龙虾化装成了海星……如此这般，动物们浩浩荡荡地奔向狂欢节的派对。

这么多页的书，这么多的动物要是一口气从头翻到尾，岂不是有点累。作者是把握故事节奏的高手，总会在适当的时候做一些停顿，给我们稍作喘息的机会。小红帽化装成巧克力蛋糕时，感觉故事有点接不上了，这时出现了想吃蛋糕的狗熊，故事又接着往下走。接连出现了一系列动物后，又有一点小意外，臭鼬化装成了美丽的虞美人花，花怎么可以化装呢？于是花上的瓢虫开始延续接龙，后来到了小母鸡那儿又有一个停顿。当你觉得故事会不会没完没了时，终于出现了最后一个动物“鸭嘴兽”，书中给出的理由非常充分“鸭嘴兽不用化装，它的相貌已经够奇特的了”。

这本书处处都充满了惊喜，因为你根本想不到翻开下一页的时候那些动物们会扮成什么，这种不确定性会带来出其不意的喜剧效果，小孩子们乐得屁颠屁颠的。而且书中还插科打诨地来一些旁白，更是让人忍俊不禁。白白的绵羊化装成刺猬时，不忘嘀咕一句“真扎呀！”单峰驼化装成了双峰驼，双峰驼忍不住抱怨“这也太简单了吧！”，还有那句“小母鸡没化装，它根本没明白，它傻乎乎的”。这些幽默之处会让孩子们过目不忘。家中的小朋友抱着这本书嘻嘻哈哈个没完没了，躺在被窝里还自顾自地接龙，孔雀化装成了蚂蚁，蚂蚁化装成什么呢？枕着这样的书入眠，这个小家伙儿没准儿会在睡梦中咯咯地笑起来。

当然，这本书也不光是有趣那么简单，小小孩儿们可以借机认识各种各样的动物，那些常见的动物不必说了，像天堂鸟、犰狳、独角兽、鸭嘴兽等等可以引申开来和宝贝儿一起学习和认知。而这本书提供的开拓性思维和天马行空的想象也给了我们很多自由演绎的空间。动物们的狂欢节也是孩子们的狂欢节，让我们和他们一起狂欢，感受书籍带来的快乐吧！

77

幽默风趣的绘本

——《又来一只羊》

一个糊里糊涂、连数儿都数不清的牧羊人，一群叽叽喳喳、事儿多又矫情的绵羊，一只虎视眈眈、居心叵测的恶狼，幽默风趣的绘本《又来一只羊》，文：［英］米娅·凯莉，图：［英］罗素·艾图，译：漪然，安徽少年儿童出版社 2015 年出版。

风雨交加的夜晚，一只饿狼在草场上嗷嗷怪叫、四处游荡。牧羊人山姆把羊群带回了家，大家一起挤在舒服又安全的大床上。为了确保所有的羊都睡在了床上，山姆决定好好数一回羊，可是还没数完，山姆的呼噜就已经震天响了。“砰——砰——砰”有人敲门，门外站着一只浑身湿透的“小绵羊”，山姆正想放它进来时，羊儿们却紧紧地顶住了房门，说什么都不让山姆放进这只“羊”。

“你怎么知道那是你的羊啊？”“你不把我们数清楚，就别想放它进来”。这群小羊不依不饶地嚷嚷个没完。可是数绵羊这个小把戏催眠功能可是一级棒呦。为了不让山姆数羊时哈欠连天，这群小羊手拉手，进行了一场盛大的表演，他们还处心积虑地每个人都拿了一个号码牌，看着小羊们使出浑身解数的样子，不禁让人莞尔一笑，这群小羊着实不容易呀。书中的这一页安排的是一个可以左右翻开的大拉页，打开之后非常震撼，小孩子会瞪圆眼睛，惊喜异常。

“当——当——当”，又有人敲门啦，还是那只“小绵羊”，不过呼啸的大风吹跑了它身上的羊皮，啊——原来是只狼。山姆只看了一眼，就飞快地把门关上。真是个手忙脚乱又惊心动魄的晚上呀！

这本书处处充满了幽默的元素。光人物形象就十分有趣。那个牧羊人山姆，一身粉紫相间的条纹睡衣，再加一顶黄绿格纹帽子，配上那宽宽的脸型和幽怨的小眼神，一副呆头呆脑的小模样。十只小绵羊更是搞笑，它们竟然还戴上了羊毛帽，穿上了羊毛袜，尤其是它们抱着双肩唠里唠叨抱怨的样子，一看就是一群不好惹的小家伙。而那只饥饿的大灰狼更是颠覆了传统的恶狼形象，大大的手脚，圆咕隆咚的身材，一副笨头笨脑的倒霉相。

书中的很多情节充满了戏剧的夸张。深更半夜有人敲门时，绘者呈现给我们的画面是一片惊恐万分，羊儿们的耳朵全都齐刷刷地竖了起来，帽子全都嗖嗖地飞到了空中，袜子全都噼里啪啦地掉在了地上，每每看到此处，小朋友总是咯咯咯地笑个不停。

书中多处运用分栏的形式推进故事的发展和情节的演进，这样使很多静态的画面传达出了动画的视觉效果。比如最后高潮部分，那只饿狼先被吹掉了帽子，然后是口罩，然后是衣服，最后才原形毕露，书中基本上没有过多的文字描述，但是画面传达出来的却是一个动态的演变过程，非常生动。在亲子阅读时我甚至添加了一些旁白：“哦，我的帽子！”“哦，我的口罩！”“哦，我的衣服！”“啊呜——我是只凶狠的大灰狼！”小朋友完全被我的演绎感染了，她甚至煞有介事地说“赶紧关上门”，突然有种演绎剧本的感觉！

同样是讲述披着羊皮的狼的故事，《又来一只羊》这本书因为戏剧冲突的加入和优质绘画的搭配，使这个传统故事得到了升华和提高。而那些读着这本书长大的孩子，他们的小脑袋瓜里除了这个风趣的故事之外，一定还会记得那些生动的画面和有趣的细节。

78

经典与瑕疵并存的绘本

——《阿利的红斗篷》

一位勤劳执着的牧羊人，一只调皮捣蛋的黑脸绵羊，一只忙得不亦乐乎的小老鼠，一个正面主角，一个黄金配角再加上一个跑龙套的，精彩纷呈的情景剧《阿利的红斗篷》，文·图/[美]汤米·狄波拉，译：张剑鸣，明天出版社2009年出版。

阿利是一个牧羊人，他的斗篷实在是太破破烂烂了，勤劳的阿利决定自己做一件新斗篷。从春天开始阿利就一直忙碌着，剪羊毛——梳羊毛——纺成纱——染上色——织成布——缝成衣，到了雪花漫天飘舞的冬天，阿利终于穿上了一件漂亮的红斗篷。

那只黑脸绵羊是阿利的亲密伙伴，他整天和阿利纠缠不清，时不时地和阿利作对：满山坡地乱跑拒绝剪羊毛；双手阻拦羊毛染色；揪着线不放干扰织布；站在桌子上不让裁剪，等等。最最重要的是，阿利的斗篷为什么会那么破烂不堪，还不是因为这只绵羊老是偷着啃来啃去的。故事的最后阿利神气活现地穿上自己的新斗篷时，这只绵羊又在后面偷偷地啃食，看来阿利明年还得做新斗篷。这只黑脸绵羊简直就是一个黄金配角，他的调皮和活泼给本书增添了许多的笑点，也让这样一本知识性的图画书变得鲜活和生动。

那只小老鼠是来插科打诨跑龙套的，在书中每一页的边边角角中都能找到它，它可是偷运东西的高手，剪刀、肥皂、线团、蜡烛、尺子、鞋子、手套等等通通都搬运到自己的窝里，这些隐藏的小细节给故事增加了许多的噱头，也让小孩子觉得更加有趣。

这本图画书故事简单、人物鲜明、细节丰满，我家的小朋友喜欢得不得了，反反复复看了不下 20 遍，每一次都乐得屁颠屁颠的。我们还从网上找到了视频资料，动画的效果确实吸引人，孩子也很喜欢，但是改编后的动画只保留了主角和配角，小朋友有点纳闷儿那只偷东西的小老鼠跑到哪里去了。

最后我们要说一说这本图画书中译本的瑕疵问题。第一遍读这本书时，我们会很明显地感觉书名页和版权页的出现非常地突兀，以至于我一直怀疑是不是出现了排版和印刷错误。但是几经求证这本书确实就是这样的。但是从阅读体验来看，确实有些别扭，连小孩子都觉得是不是哪儿有点不对劲。这激起了我进一步探究的欲望。

这本书的叙事模式是这样的，翻开书第一页直接讲故事，“阿利是一个牧羊人。他有一间舒服的房子，一顶大帽子，一根拐杖和一群胖胖的羊。可是每一个人都说：”翻过去之后是书名页“阿利的红斗篷”，然后再翻过去是版权页和正文，“可怜的阿利！他实在需要一件新斗篷。”这样的叙述方式不是不可以，但是问题出现在书名上，这个书名如果能够顺理成章的嵌入故事的叙述中，那我们也不觉得唐突，但是很明显这个书名和上下文的语气并不十分的和谐，尤其是前面有“可是”这样的词语，怎么会就直接出现“阿利的红斗篷”呢？百思不得其解时，我查阅了这本书的英文原版书，一下子就豁然开朗了，原文的书名是《Charlie Needs a Cloak》，直译过来就是“阿利需要一件斗篷”，这样一句叙述性的语句显然更适合本书的叙述模式。

当然就汉语的习惯来讲，一句常规的叙述句作为书名，显然不如一个简短有力的名词性短语更加引人注目。译者本身对书名的翻译也是很成功的，但是如果书名做了修改，那么文中的叙述模式也应做相应的调整，即使放弃原著中嵌入式的叙事方式，把书名页和版权页提到前面应该也是可以的，希望这本书再版时能够注意到这个问题。

这本图画书不仅故事有趣，它还潜移默化地让孩子们了解了物品加工的过程，获得了衣物制作的基本知识。书的最后附有羊毛制作成斗篷的过程图表，有工具有用途，十分清晰明了。虽然从个人阅读的角度觉得中译本存在一定的欠缺，但是瑕不掩瑜，这样一本融知识和趣味于一体的绘本还是堪称经典。

79

音乐有魔力

——《派克的小提琴》

一把小提琴，轻轻一拉，就能改变世界，它能让鱼飞起来，它能让绿叶变颜色，它能把世界变得多姿多彩。音乐有魔力——《派克的小提琴》，文/图：［英］昆汀·布雷克，译：李紫蓉，明天出版社2012年出版。

派克从二手货摊上买了一把小提琴，他欣喜若狂地飞奔到田野上，拉起了轻快的曲子。结果呢，池塘里的鱼竟然一条条地跳出水面变成了五颜六色的飞鱼，双胞胎兄妹俩身上的蝴蝶结变得又大又漂亮，绿色的树林染上鲜艳的色彩。还有那些鸽子、那些牛全都变成了彩色的……

这是一本传递快乐的书。书中的主人公派克是个年轻人，他瘦瘦高高，双手插在裤兜里，一副闲散又执拗的样子。他心无旁骛，街上那些卖东西的摊位他连看都没看一眼，大步流星直奔自己心爱的小提琴而去。他坚定执着，掏出了自己唯一的一枚银币，买下了那把小提琴。这本书前半部分的铺垫向我们展示了一个人做自己喜欢的事是多么的快乐。这也为后面神奇事件的发生提供了情感基础。

派克的音乐就像魔法棒一样，轻轻一挥，就能让整个世界都变得鲜艳和明快起来，音乐不仅改变了世界的颜色，还改变了人们的生活：狼狈的流浪汉烟斗里竟然飞出彩色的烟火，这令他多么的快乐；满脸愁容、病病歪歪的补锅人听了音乐后变得健康又快乐，这令人多么欣喜。就这样伴随着派克的音乐，每个人、每条鱼、每只鸟、每头牛都欢天喜地、兴高采烈。

这本书的绘画非常的灵动，给人一种一气呵成地感觉。简简单单地勾勾画画，随随便便地涂涂抹抹就能传递出一股子精气神儿。那些流畅的线条透露着随性和自由，那些变化的色彩展示出了欢快和轻松。其实画中的人物并不写实，反而有些大同小异，都是尖尖的鼻子、小小的嘴巴，眼睛仅仅是两个小黑点而已，但是表情和动作却让人物鲜活起来。这也是昆汀 · 布雷克创作理念的体现，他不喜欢临摹实体，他觉得静的东西缺乏生命的动感，他喜欢坐下来回想一连串的动作，再将动作画下来。

我家的小朋友非常喜欢这本书，尤其是书中那棵挂满美味的树总是让她垂涎欲滴，馋人的冰激凌，香甜的大蛋糕，那热热乎乎的面包还滴着奶油呢。最近小朋友热衷于画飞鱼，那些色彩斑斓的鱼老是在天上飞来飞去的，估计是受了这本书的影响。

这是一本用故事展示音乐魔力的书，那把小提琴传出来的美妙音乐流呀流，穿过树林，走过草地，感染了每一个人，也走进了读者的心里。这是一本用图画展示喜悦的书，看着那些缤纷的鱼儿满天飞舞，看着那些彩色的花牛轻盈地舞蹈，看着那五彩的马车快乐地奔跑，我们似乎能听到那咯咯地笑声四处飘荡。无论是音乐还是绘画，艺术会超越人生的悲苦与无奈，带给人心灵的愉悦和满足。

彩蝶

80

书中的音乐盛宴

——《大家来听音乐会》

圆形的舞台已经准备就绪，金色的帷幕已经缓缓拉开，演出马上就要开始了，《大家来听音乐会》，文：［美］劳埃德·莫斯，图：［美］玛乔丽·普赖斯曼，译：张莹莹，河北教育出版社 2010 年出版。

身穿燕尾服，头戴高礼帽的绅士出场了。一支长号，从高音滑落低音，又从低音爬上高音，静静地独奏着。咦！又来了一只小号，二重奏。看！圆圆胖胖的圆号也跑来了，三重奏。紧接着大提琴、小提琴、长笛、单簧管、双簧管、低音管、竖琴纷至沓来，现在是十人组的室内乐团了，啦！啦！啦！所有的乐器一起奏出了美妙的旋律……

长号的声音是怎样的？小号适合表现什么样的节奏？怎么在无声的书中表现这些乐器的特点呢？著者采用了比拟的方法，“（小号）最有精神了，好像在叫你做早操……（小提琴）的声音又细又高，好像飘在空中的细丝带……（长笛）和山谷里的回音一样好听……”这种形象化的描述，一下子把那些虚无缥缈不可捉摸的美妙韵律呈现了出来，小孩子既容易理解又可以尽情想象。

本书的配图非常的出彩，色彩饱满，线条流畅，动感十足，我们似乎都能亲身感受到那些乐器的韵律和节奏。每一位演奏者的服装、造型、体态都很独特，和他们演奏的乐器相互辉映，相映成趣。你能看到吹小号的人，一身紫色长裙，精神昂扬。你能看到圆圆胖胖的圆号手，低沉内敛。还有那个小提琴手，身材修长，姿态优美。如此等等，不禁让我们感叹，静止的画面竟然传达出了音乐的律动感，绘画与音乐竟然能这样完美地结合在一本书中。

在绚烂的图画中，绘者还精心的安排了两只猫、一只鼠、一条狗来插科打诨，它们隐藏于书中每一页的角角落落，或者追逐嬉闹，或者调皮捣乱，非常地不安分，那只花点大狗甚至还像模像样地拿起了指挥棒。这些时不时出来串场的小动物们增加了本书活泼的气氛和俏皮的趣味。

读完书后有一种强烈的愿望，要是这本书能配上音乐的话就更好了，孩子们在见识各种乐器的同时还能聆听美妙的声音，岂不美哉！网络一搜索，竟然找到了原版绘本的配乐视频，真是太兴奋了。我和小朋友伴着美妙的音乐开始重温这本书。小号的声音很高亢，怪不得书中说它最有精神了。小提琴的声音又细又高，长笛则空旷幽远，单簧管比较闷，双簧管亮一些。小朋友最喜欢那个竖琴了，它是用蝴蝶结丝带从空中垂下来的，就像天使下凡一样，它演奏出来的声音清丽、婉转、悠扬，真的是太优美了。

这本书让我和小朋友非常地愉悦，欣赏着精彩的图画，聆听着美妙的音乐，再时不时地找找那些猫呀狗呀的藏匿之处，真是既快乐又享受！而且这本书真的是用通俗易懂的方式向我们普及了乐器的一些基本常识，至少小孩子能区分弦乐器、木管乐器、铜管乐器了。

有时间一定带着孩子去乐器行转转，亲眼看一看那些乐器，亲手拨动一下那些琴弦，说不定她真的会对某种乐器情有独钟呢，那我们的音乐启蒙岂不就顺理成章地开始了。

第五章
科学启蒙之路

每一本书都是一条路

孩子们满是惊奇地走在这条路上

原来

我们可以成为一只迁徙的鸟也可以成为一粒旅行的种子

在这里可以探究人类自身

也可以探索浩瀚宇宙

世界如此广大，如此神奇

81

科学启蒙从认识自身开始

——《我的一双手》《我的两只脚》

我们的手和脚也需要科普吗？大人们会有这样的疑惑，小孩子可不这么认为，他们会兴致勃勃地翻看半天，他们会跟着书中的语言模拟效仿，他们发现了探究自身的乐趣。科学启蒙从认识自身开始，自然科学启蒙绘本《我的一双手》《我的两只脚》，文 / 图：阿丽奇，译：范晓星，北京联合出版公司 2012 年出版。

一个编着麻花辫的小女孩，伸出两只手在抓蝴蝶；一个挽起裤管的小男孩低着头在看自己光溜溜的两只脚。这两本书就是这样以孩子的视角向我们铺展开来。“把脸遮起来，你在哪儿呀？你玩过翻花绳吗？你数过自己的手指吗？”这些书就是以这样亲近孩子的方式向我们娓娓道来。书中关于手脚的科普知识很简单很朴实，孩子们满心欢喜地数着自己的手指头，念叨着他们的名字，这个是大拇指，指东西的是食指，最长的是中指，戴戒指的是无名指，最小的是小拇指。孩子们还会抬起自己的脚兴奋地告诉你哪是脚趾，哪是脚掌，哪是脚后跟。而且书中的介绍都是以孩子们日常生活中的趣事展开的，团雪球、搓彩泥、做手工、挖沙子、胳肢人、跑步、跳绳、踢球，这些都是孩子们每天都在做或想做的事情，怪不得孩子们会喜欢这些书。

自画像

我家宝贝儿对这两本书的反应除了乐呵呵地翻个不停之外，就是笑嘻嘻地跟着书中模仿。她像书中一样把两只手合起来，还用大拇指碰触其他手指头。她还真的试了试不用大拇指拿铅笔，不用大拇指系扣子，这样真的是很难呦！她还调皮地用脚后跟走路，踮着脚尖跑步，甚至于费了很大的劲儿用脚趾去捡一块小手绢。反正宝贝儿是读书读得高兴，玩书玩得兴奋。

这两本书除了趣味性之外，科普的意味也很浓厚。书中的介绍不仅会给孩子们普及一些知识，还会提高孩子们的一些认识。比如在介绍手时，提到了手上淡蓝色的血管是静脉。在讲解脚时，指出脚底有一块结实的骨头叫跖球。另外这些书还照顾到了一些特殊的孩子，例如书中提到聋哑人用手语交谈，有的人会用拐杖走路。

浅显又有趣，科普又好玩，这就是这两本书带给我们的阅读体验。

82

重口味的科普绘本

——《呀！屁股》

竟然有这样一本书，它以成人羞于启齿的屁股为主题；竟然有这样一本书，它就以一个长着毛的大屁股为封面；竟然有这样一本书，它一本正经地幽默，在嘻嘻哈哈中科普。重口味的科普绘本——《呀！屁股》，文：［丹麦］迈普里斯·安徒生，图：［丹麦］叶世邦·杜拉杭，译：王芳，希望出版社 2015 年出版。

这本书在内容上是一本正正经经的科普书。“地球上所有的动物都有屁股。屁股的种类数也数不清。每个屁股上都有一个洞，它的作用是排出动物们吃下的食物所形成的便便和屁。”以这样浅显直白的方式，这本书开门见山、直奔主题开始了屁股的科普之旅。整本书详细地介绍了屁股的大小、颜色，功能、种类、构成等等，既有人类的屁股也有动物的屁股，既有关于屁股的礼仪也有医学上的屁股定义，还有不同国家屁股的不同叫法，作者甚至还大胆地设想了人类没有屁股的尴尬境遇。毫不夸张地说，关于屁股的各种好奇和疑问在这本书中都可以找到答案，小朋友们一边笑嘻嘻地见识了各种各样的大屁股，一边光明正大地了解了关于屁股的科学知识。

有趣的是书中还专门列出了淘气的孩子们对屁股的探究，他们偷偷地给屁股起各种各样奇怪的名字，甚至还举行放屁大赛，这些情节的设置不仅拉近了和小朋友之间的距离，也向妈妈爸爸们揭示了原来所有的孩子都一样的，他们都会有对“屎尿屁”敏感的阶段，这是孩子探究自身的一种表现。

这本书在形式上是一本诙谐幽默的图画书。图书的搞笑气质随处可见。一个长着大屁股的丰满女人正要坐一把椅子，她后面的瘦小男人非常紧张，又是挥手，又是大喊，生怕把椅子给坐坏了。还有那头大象，它不仅屁股大、便便大，它的屁大到可以吹起一个气球。更逗的是屁股喜欢泡澡或淋浴，当屁股坐在浴缸里放屁的时候，可以吹出超棒的泡泡哟。这种放屁吹气球吹泡泡的设计务实又夸张，小朋友们往往会笑得前仰后合。

书中的很多画面都潜藏着一定的故事情节，这些细节的展现既和主题息息相关，又有一定的独立性，这种设计不仅增强了本书的趣味性，还丰富了读者的想象空间。比如那个光着屁股在街上游走的男人，他的上衣、鞋子和袜子都穿戴整齐，独独露着屁股和大毛腿，这样惊世骇俗的表现足足惊倒了一群人，拿着公文包的男人惊讶得包儿都掉在了地上，后面的女士甚至直接晕倒了。当我们阅读到这样的画面时一定是先惊讶地张口结舌，继而又兴奋地笑作一团。

自从拿到了这本关于屁股的书，小朋友的反应就是喜欢喜欢还是喜欢，它盖过了其他书的智慧光芒，让小孩子完全沉浸在“屎尿屁”的“低级趣味”中无法自拔。如果你的孩子也处于关注“屎尿屁”的重口味阶段，不必羞涩尴尬，不必遮遮掩掩，大大方方地拿出这本《呀！屁股》，一本正经地跟他们说，来！我们一起研究研究屁股，哈哈哈！

83

遇到牙齿问题看这里

——《张开嘴巴牙齿学校在里头》

一颗颗牙齿摇身一变成了调皮捣蛋的学生，一张嘴巴大大地张开，里面竟然住着一个疯狂的学校。科学严谨的牙齿知识融入无处不在的夸张幽默之中——《张开嘴巴牙齿学校在里头》，文/图：［美］劳丽·凯勒，译：洪婉玲，河北教育出版社 2009 年出版。

“各位同学，大家早上好”“早上好，牙线博士”，开始上课啦！32 颗牙齿每一个都有名有姓，比如侧切牙莎莉、尖牙柯南、磨牙巴布，等等，他们整整齐齐围成一圈坐好，开始了一天的功课。这可是个名副其实的正规学校，点名、宣誓、校长讲话、订正试卷、念报告、看录像带等等上课的流程一个都不少，还有午餐时间、课间休息以及课后作业，封底上还赫然印着牙齿学校的校歌呢！

这本图画书充满着无数幽默搞笑的细节，自带一种让人哈哈大笑的气质。从封面到封底，从环衬到扉页，还有那令人眼花缭乱的内文，诙谐和幽默随处可见。随手拎出个情节来，都会让你捧腹大笑。午餐后牙线博士要求牙齿同学们刷牙，可是同学们找出各种理由搪塞和逃避，咱们听听他们的豪言壮语吧！“世界这么疯狂，谁还有时间刷牙？”“对不起，我的牙刷被狗啃掉了。”“不要为了刷牙吵我！我很累！”“娘娘腔才刷牙。”“我对牙膏过敏。”“牙线博士，我要去上厕所！”这群古灵精怪的小牙齿们，真不好惹呀！

课堂气氛宽松诙谐，教学设计多种多样，课后活动嬉闹无常，这也就罢了，摆在纸面上的作业总得规规矩矩的吧，没想到别出心裁的著者连作业题都设计得那么有腔调。“是非题：牙医治疗龋齿的方法是在上面贴个创可贴，然后再亲一下”；“选择题：吃完饭后，应该把牙齿：①涂成紫色②刷干净并使用牙线③拔下来再装回去”。如此搞笑的题目以及那昭然若揭的答案会让小孩子们嬉笑一团。

这是一本具有指导意义的牙齿保健科学绘本，里面关于牙齿的科学知识既清晰又准确。牙齿的构造图、乳牙的作用、龋齿和蛀牙、牙齿矫正等等孩子成长过程中遇到的牙齿问题，在这本书中都有清晰的说明。而且那个有趣的《历史上的牙齿》的科学报告不仅丰富了孩子们的知识领域，也拓展了大人的认知范围！

关于牙齿的绘本有很多，这本牙齿学校的书是小朋友最为喜欢的，书中可挖掘的细节太多，能引爆的笑点也太多，在一遍遍地翻看和阅读中，孩子们总会笑得前仰后合，更重要的是在轻松愉快的氛围中，那些关于牙齿的基本知识他们很快就会了然于心。

这本书尤其适合处于中大班的学龄前儿童，一方面他们对学校已经有了基本的认识，书中关于牙齿学校的内容非常贴近他们的日常生活，很容易找到共鸣。另一方面这个阶段的孩子正处于乳牙脱落、恒牙萌出的换牙期，多多少少都会遇到牙齿的问题，而这本书能帮助他们化解遇到的困惑，解决实际的问题。

如果你还跟在孩子屁股后面不厌其烦地提醒他们刷牙，如果你的孩子还在哼哼唧唧地拒绝去看牙医，如果你的孩子也面临着蛀牙、龋齿、牙痛等问题，不妨和孩子一起看看这本书吧，这个牙齿学校里发生的故事既妙趣横生又让人受益多多。

84

自然图鉴

——《我喜欢的飞鸟》

“妈妈，我想当一只鸟”，没想到大早晨一睁眼宝贝儿就来了这么一句。“那你想当一只什么样的鸟呢？”“我想当一只白鹭”“好吧，我的白鹭，穿衣服吃饭，咱们要去飞喽！”自然图鉴《我喜欢的飞鸟》，图：尹武富，译：金斗光，上海人民美术出版社 2012 年出版。

这本关于飞鸟的书，一共介绍了 25 种鸟，大部分都很常见，如麻雀、燕子、喜鹊、乌鸦、啄木鸟、猫头鹰，等等。也有少数鸟样子特别，名字拗口，像小杓鹬、佛法僧、仙八色鸫等。但是对于小孩子来说，感兴趣的东西很容易记住，像隼（音 sǔn），书中说这种鸟是世界上飞得最快的一种鸟，这让孩子印象深刻。还有那只漂亮的小黄鹂鸟，每次念到那一页，她都把在幼儿园学的关于这只鸟的儿歌给我唱一遍。宝贝儿最喜欢那只漂亮的白鹭，它浑身都是白色的羽毛，既优雅又美丽，它扇动翅膀、凌空飞翔的样子真神气。

小朋友把自己喜欢的鸟画成了画，还做成了奖状发给了我们。她奖励给自己的是一只橘色的大鸵鸟，因为鸵鸟跑得最快。送给我的是一只玫红色的火烈鸟，她说这个鸟最漂亮，这个解释让我很满意。送给爸爸的是只蓝色的鸟，宝贝儿起了个名字叫鸭嘴鸟，这样一个名字，爸爸凑合将就了吧，哈哈哈！

另，这套图鉴书除了《我喜欢的飞鸟》，还有其他五本，《野生动物朋友》《海里的伙伴》《幸福的花儿》《森林里的伙伴》《果实的故事》。整套书用鲜活的图片向孩子们展示了自然的神奇和生命的美丽，怪不得书的封面上用了“宝宝的第一本自然图鉴”这样的宣传语。这套书是一位小姐姐送给宝贝儿的，宝贝儿每次看到了都会翻一翻，很是喜欢。

图鉴类的书是以图画为主而用文字解说的著作，就功能来说更偏重于科学普及和基础认知，不过这本书中还是体现了一些巧妙的设计，比如黑黑的乌鸦和漂亮的白鹭对比着放在了一页，大大的鸵鸟和火红的火烈鸟对视站立在书里。在这种对比和映衬中小孩子会觉得更有趣。这套书中的图片都是清晰明朗的摄影作品，事物的真实和细腻跃然纸上，你能清晰地看到那些动物的眼神，孩子们伸出小手似乎都能摸到那些纤细的羽毛。这样真实的画面对于以形象思维为主的小小孩儿来说至关重要，能带给他们直观又亲切的阅读体验。

孔雀

85

迁徙的奥秘

——《鸟类如何辨识方向》

为什么秋天鸟儿要飞到温暖的南方去？为什么有的鸟飞跃数千公里后还能找到回家的路？又是什么样的鸟儿能飞到 8000 米的高空？小朋友们，让我们跟随书籍一起了解鸟类迁徙的奥秘吧！科普绘本《鸟类如何辨识方向》，文：罗马·冈斯，图：保罗·米罗卡，译：庞中培，北京联合出版公司 2013 年出版。

当秋天来临，白天越来越短，天气越来越凉，有些鸟看不见了。原来，它们飞到温暖的南方去了。早春，第一批鸟陆续飞回北方，筑巢、下蛋、孵化幼鸟。本书以鸟儿秋去春来为线索向我们介绍了人类对于鸟类迁徙的一些探索。最初的时候人们并不知道鸟会迁徙，以为整个冬天它们都一直躲在地洞里睡觉，或者在池塘地下的稀泥里过冬。后来人们发现了鸟类迁徙的事实，鸟类学家给鸟戴上了标记环后，我们可以准确地了解鸟的迁徙规律，书中用四张地图生动地再现了鸟类迁徙的漫长旅程，有的长达数千公里甚至一万多公里，而令人震惊的是只有一枚硬币重的蜂鸟能飞过八百公里的海洋而无须休息。

鸟类的迁徙存在着一个巨大的谜团：鸟儿怎么知道要去哪儿？它们又如何辨识方向呢？书中列举了一些科学家的猜想。一种观点认为鸟儿白天利用太阳、晚上借助星星来辨识方向；还有人认为鸟的身体里有类似“罗盘”的东西，可以利用地球的磁场来辨识方向。科学家甚至还猜测鸟的身体里有一个“年历”，能让鸟类感知季节的变化。

书中有一页专门展示了“鸟能飞多高”，作者用的是示意图的形式，有明确的刻度标记，把各种鸟的飞行高度标识得非常清晰。小朋友最喜欢这一页了。她总是用小手指画来画去对比着看，原来雨燕和燕子能飞300米，海鸟和水鸟能飞3000米，而斑头雁能飞到将近8000米的高空，这太令人惊讶了。

本书一共涉及了10种鸟：黑顶白颊林莺、橙腹拟黄鹂、雪雁、北极燕鸥、家燕、黄腹吸汁啄木鸟、红玉喉北蜂鸟、信鸽、普通鹱（音hù）、斑头雁。这些鸟的名字都非常的具体，不是简单的黄鹂、啄木鸟、蜂鸟等大类，而是细致到纲目以下更具体的类别。其中有些鸟的名字还挺拗口，比如那个“鹱”，这样的细致入微也从另一个方面体现了科普书籍的严谨性。

本书向我们揭示了鸟类迁徙的一些奥秘，也提出了还有许多未解之谜等待人类去了解和发现。就像书中所说，我们知道鸟儿往哪里飞，也知道它们能飞多高，飞多快，但是人类仍然没有完全了解鸟类的迁徙。书中这种揭示自然现象、展示科学研究进展、提出未解之谜的讲述方法非常适合科学启蒙，没准儿哪个小朋友看了这样的科普书会萌发要当一名鸟类学家的想法呢，也许那些未解之谜将来就会被这些孩子们解开了呢？科普的意义就在于给孩子们打开一扇门，了解这个世界的多样性和神秘性，激发他们进一步探索的欲望和兴趣。

86

小百科异型书

——《农场》

小朋友们，你们了解农场里的生活吗？你们知道怎么照料菜园和果园吗？你们知道农民伯伯怎么耕作和播种吗？小百科异型书《农场》会告诉我们一切，文：［意］G. 曼泰加扎，图：［意］C. 梅斯蒂里尼，编译：荣信文化，未来出版社 2012 年出版。

这本书详细地向我们介绍了农场的生活，主要从七个方面进行了展示：农场里的生活、水果和蔬菜、麦子和其他谷物、家禽、家畜、橄榄和葡萄、耕作和播种。每一页书翻开来，形状都不一样，再加上一些镂空的设计非常吸引孩子们。更重要的是书中介绍的内容离孩子们的生活比较远，尤其是对于那些在城市中长大的孩子，这会勾起他们的好奇心和求知欲。

一开篇就是一幅生动的农场生活情景，有人站在梯子上修补房顶，有人在阁楼上叉干草，兽医在给奶牛看病，还有推车的人、浇水的人、扛着锄头的人，一片繁忙的景象。往下翻看发现每一页都非常的鲜活，喷洒农药的大叔、端着盆喂鸡的大婶、剪羊毛的小伙子、开拖拉机的男人，这些生活气息浓厚的画面配上简单平实的文字，既让孩子们了解了很多的知识，又向他们展示了那些田间地头、牛羊鸡鸭的田园生活。

农家乐

这本书造型奇异、图画鲜艳，图画旁边都配上了文字，每一页都会有几大段，文字内容不少，小小孩儿注意力时间短，有的地方没有必要逐字逐句地念，可以挑拣感兴趣的地方重点阅读。这样的书在普及一些科普知识的同时，也满足了孩子的一些好奇心，“打谷场”“蓄水池”“联合收割机”“干草捆”“褥草”“梯田”这些陌生的词汇和事物会让小朋友感到非常新奇。那个采摘橄榄的方法更是让宝贝儿印象深刻，原来要在树冠下悬挂几张大网，再用长棍子轻轻敲打橄榄枝，这样成熟的橄榄掉在网里就不会摔烂了。这个摘橄榄的小技巧也让我长了见识。

因为出差，把小朋友放回农村老家几天，接回来后发现孩子除了晒黑了外，还长了很多见识。爷爷带着她去了地里，掰玉米、摘花生，宝贝儿跟我详细地描述了怎么把花生苗从地里拔出来，那些鲜嫩的玉米多么好吃，而且他们还遇到了一个小状况，爷爷的车陷进了泥里，大家一起帮忙推车，这几天的农村生活很有趣嘛！看来适时地把孩子放回农村去接接地气也是挺好的。

《农场》这样的书既科普又有趣，我和宝贝儿就像亲自去农场参观了一遍，不过仅仅从书中获得知识还是不够的，条件允许的话还是应该带着孩子多去农场、农村走走，尤其是农忙的时候，让孩子更多地了解一下耕作的辛苦和收获的不易，他们会更珍惜现在的生活。

87

探寻孕育的秘密

——《小鸡从哪里来》

小朋友们，你想了解鸡妈妈怎么孕育和孵化小鸡吗？你想知道小鸡怎么在蛋壳里发育生长吗？你想亲自见识一下毛茸茸湿漉漉的小鸡怎么破壳而出吗？让我们跟随书本，一起追问生命的起源，探寻孕育的秘密。

《小鸡从哪里来》，文：艾米·E. 斯克兰斯基，图：帕姆·帕帕罗尼，译：陈振威，北京联合出版公司2012年出版。

“这是鸡蛋，你以前肯定见过鸡蛋。这只鸡蛋与众不同。三个星期之后，一只小鸡将从这只鸡蛋中孵出来。”看来是先有蛋后有鸡呦！这本书就是这样从一个圆圆大大的鸡蛋开始讲起。小鸡是怎么一点点长大的呢？书中详细地进行了解说：最初是受精卵→3天有心脏→5天头占了一半→7天有些模样了→10天翅膀、腿、喙长成→11天喙能张合→14天长出破卵齿→18天胎毛覆盖头部和身体→20天练习呼吸→21天破壳而出……

小朋友对这本书的喜爱远远超出了我的预期，她不仅仅一遍遍地让我念给她听，每次还都会蹦出各种不同的问题。什么是受精卵？蛋壳膜在哪里？什么是破卵齿？为了解决她的疑惑，我们打碎了一只鸡蛋亲自让她观察了一下鸡蛋的内部结构。我们还从网上查到了小鸡21天孵化的视频，静态的书和动态的视频一呼应，非常震撼！

小朋友还要玩母鸡孵小鸡的游戏，她穿上黄睡衣，头顶小黄单儿蒙着被子躺在我的怀里要我把她孵出来，而且孵化的过程一个细节都不能省略。母鸡要离开鸡蛋一会儿，要去寻找食物和水，然后迅速返回。母鸡还要不时地给鸡蛋翻身。小鸡快出来时会“唧唧”地叫，母鸡要“咕咕”地回应它。哦，当只母鸡还挺不容易的呦！

看完这本书孩子们可能会有些担心，我们平时每天都在吃鸡蛋，这样会不会害死小鸡呀？书中早有交代：“你早餐吃的鸡蛋，通常不会发育成一只小鸡。因为它不是受精卵。”这样小孩子就可以消除顾虑放心地吃鸡蛋喽！

21 天的孕育孵化，好几个小时的努力啄壳，一只小鸡向我们展示了生命的孕育与成长，也让我们感叹造物的伟大与神奇。亲子阅读的好处就是你可以和孩子一起借助书籍这个媒介共同探索世界、发现生活的乐趣。就像这本《小鸡从哪里来》不仅仅让我们了解了孕育的秘密，还让我们拥有了属于自己的亲子游戏。

88

植物也会翻山越岭

——《一粒种子的旅行》

小朋友们，你知道植物怎么旅行吗？你知道“动物出租车”是怎么回事吗？你知道什么是匍匐茎吗？植物也会翻山越岭——《一粒种子的旅行》，文 / 图：［德］安妮 · 默勒，译：王乾坤，南海出版公司 2010 年出版。

本书一开篇就以人类的旅行做类比，引入了植物旅行的概念。小孩子一下子就被吸引住了。噢，原来根扎在土里的植物也会旅行，这是多么有趣的事呀！接着作者进一步推进，介绍了植物旅行靠的是“种子”，种子是怎样长途跋涉的呢？作者娓娓道来，向我们展示了植物旅行的秘密手段。

植物的旅行有很多种方法，按照书中的介绍总结为四大类型：

第一种是自我抛洒法。像凤仙花和老鹳草，它们的种子成熟后，会把种子向四面八方抛出去。小朋友觉得凤仙花的别称“别摸我”太好玩了，老鹳草的勺子投掷器太厉害了。

第二种是空中飞行法。这主要得借助“风”这位强壮的朋友。像罂粟、蒲公英、田蓟、大型树木等都用这种方法，尽管不同的植物会有差别，有的有降落伞，有的有飞行器，但是风是必备条件。在这一部分，我和小朋友可是长了见识了，榆树、椴树、桦树、欧洲白蜡树、欧洲鹅耳枥的种子我们都看了一遍，真是各种各样、大不相同呀！

第三种是“租车出行法”，主要指植物借助动物这个“出租车”来达到旅行的目的。这个比喻太形象生动了，看着小蚂蚁搬着紫花地丁的种子爬来爬去，看着小刺猬垂涎欲滴地盯着那只黄苹果，看着乌鸫鸟把含有种子的便便拉到农夫的鼻子上，我们忍不住哈哈大笑。小朋友还记住了一句非常科普的话“种子具有抗消化能力”。

第四种是自身匍匐法，主要是植物利用自身的匍匐茎进行传播，那些贴着地面生长的小枝蔓会长出独立的新植株，进而完成自己的蔓延和传播。书中给草莓的匍匐茎一个大大的特写，这让我们都印象深刻。下次再去摘草莓的时候，一定仔细观察一下真实的匍匐茎。

这是一本融科普、知识、趣味于一体的书，书中的文字相对较多，字体偏小，最初借到的时候，我有点担心这本书对小朋友来说可能有点复杂。没想到宝贝儿是那么喜欢，一遍一遍地让我念给她听，而且还有很专业地提问，“什么是植株？”“什么是蒴果？”“什么是匍匐茎”，这分明是在考验我的知识储备嘛！

这本书适合买一本放在家里，等孩子们在大自然中找到书中提到的那些植物时，可以拿出书对比着看。等孩子们再大点识字后，可以自己翻看自主阅读。这本书我曾经给同事家上小学的孩子看过，他们也非常喜欢。看来好书真的不分年龄，小小孩喜欢，小学生也喜欢，当然连我这个大朋友也很喜欢呦！

89

世界向我们走来

——《揭秘世界》

地球有怎样的内部结构？那些奔腾的河流是怎么一路奔向大海？那些迷人的雨林里都住着哪些奇特的动物？海洋和沙漠、冰川和陆地，我们的世界到底是什么样子呢？乐乐趣科普翻翻书带领我们探寻世界的秘密，认识多彩的世界。《揭秘世界》，文：［英］埃米莉·伯恩，图：［英］玛丽安娜·奥克莱亚克，译：董丽楠，未来出版社 2016 年出版。

这本翻翻书主要从七个方面揭示了世界的多姿多彩：我们的世界、奔腾的河流、迷人的雨林、水的世界、干燥的世界、白色荒漠（南极洲）、人类如何生存、非凡的地球。每一部分都融科学性与趣味性于一体，不仅开阔了孩子们的眼界，还激发了他们探索的兴趣。

书中每一个翻翻页的设计，都构思巧妙、独具匠心。圆圆的地球翻开一半后会看到地壳、地幔、地核，非常生动形象。平静的大海翻开后是一片海底景象，有浅海和深海，既符合逻辑顺序，又满足探索欲望。而且每个翻翻页的形状都不一样，翻开之后的图画和文字或是知识的扩展，或是举例的说明，或是事情的结果，逻辑非常清晰，设计非常合理，整体非常连贯。

这本书还精心地安排了和小朋友的互动。什么动物长着这么长的

喙？这是什么？猜猜这是谁的鳍？这些细节的提问会进一步激发孩子们的好奇心，估计小朋友们的小脑袋瓜会高速运转，一边猜，一边翻，一边不断地揭秘。书中的树懒我和小朋友都猜错了，我们以为是猴子呢！

巨嘴鸟

这本书的封皮上标记着“低幼版”，其实书中展示的内容和科普的知识并不“低幼”，它在用最浅显地语言向我们渗透着自然、地理、气候、生物等方方面面的知识。《我们的世界》中介绍了地球内部构造和外部太空，《奔腾的河流》中讲述了一个完整的水循环过程。如此这些，每一个深究起来都是重大的科学命题。

这本书完全激发了我和小朋友探索世界的兴趣，连续看了一个星期了，还在不停地翻翻翻，小朋友记住了许多并不常见的动物，比如貘、水豚、巨蛤、吸血鬼乌贼、小飞象章鱼。她有时候还会冒出一句，蓝鲸是世界上最大的动物，它比一个网球场还长呢！当然我们看这本书的目的并不是想让小朋友们掌握多少知识点，而是想让孩子们对我们生存的这个世界有一个大概的认识，开阔他们的眼界。

打开一本书，打开了一个世界。世界就这样悄悄地向我们走来，它如此之大，如此精彩。

90

实验的魔力

——《你四周都是空气》

空气无处不在，但是你看不到它也闻不着它，那么怎么让三五岁的小孩子理解空气的存在呢？让我们跟随绘本《你四周都是空气》一起来实验，一起来感受吧，文：弗兰克林·M.布兰利，图：约翰·欧布莱恩，译：谢维玲，北京联合出版公司2012年出版。

一翻开书就是一群孩子在一个大大的充气蹦床上快乐地蹦蹦跳跳，这本书就是这样从孩子们最常玩耍的游戏开始。书名页上还有三个字母“AIR”，既标识出了“空气”的英文字母，还提供了三种充气方式：气筒打气、脚踩充气、用嘴吹起。家中的小朋友一下子就被这个有趣的开头吸引住了。

“你四周都是空气。深深的山谷里，高高的山顶上，无论你到哪里，到处都有空气。汽车和房屋里充满了空气，谷仓、公棚、狗屋和鸟笼里也一样……”本书一开篇就运用大量的排比和列举告诉小朋友哪哪都是空气。小朋友肯定会有疑惑，既然空气无处不在，我们为什么感觉不到空气呢？科学的方法来了——做实验。

书中用我们日常生活中常见的碗、玻璃杯、餐巾纸来做实验，步骤非常简单也非常详细，我和小朋友按照书中的方法一步步地做了一遍，

剪影

实验结果真真切切地证明了空气的存在。小朋友第一次接触实验非常兴奋，对这个实验结果也是心服口服。书中还提供了一个观察方法："倒一杯水，等一个小时，杯子里会出现小泡泡，空气就是这样从水里冒出来的。"没想到小朋友还挺认真仔细，她不仅观察到了气泡，还发现水杯底部的气泡比较多比较小，上面的会大一些。

书中有很多非常形象的比喻和好看的图画，如"你的四周都是空气，地球的四周也一样，空气就像橙子皮一样紧紧地包着地球"书中的配图是一个地球样子的大橙子，被销掉了一半的皮儿，旁边还配了一个削皮器。"空气的重量有五千万亿吨重"配的图画是一个人扛着一个巨大的数字被压弯了腰。小朋友还专门数了数 5 后面到底有多少个 0，她很惊叹原来空气那么的沉呀。书中还从侧面强调了空气对我们的重要性，向小朋友解释了为什么宇航员和潜水员都带着氧气瓶。

科普的书除了要向我们普及一些知识以外，还应该给孩子们提供一些正确的研究途径，本书提出了做实验的方法，这对那些三五岁的小孩子来说应该是非常新奇的，更重要的是它让孩子们知道了实验对科学研究的重要意义，这样的科学启蒙值得点赞。

91

纸上的数学游戏

——《十个人快乐大搬家》

5+1=？小朋友掰着手指头，从 1 开始数。6+3=？掰着手指头，从 1 开始数。9-3=？还是掰着手指头，从 1 开始数。这样数来数去，手指头岂不是好累。从游戏中学习数学，从绘本中感知数字之美。美丽的数学之《十个人快乐大搬家》，文 / 绘：［日］安野光雅，译：艾茗，中国城市出版社 2013 年出版。

一座梯形屋顶的房子里住着 10 个小人，有男孩儿也有女孩儿，他们准备搬到旁边长方形屋顶的房子里去。他们一个一个地搬过去，梯形屋顶里的人一个一个地不断减少，长方形屋顶里的人一个一个地慢慢增加，这是个渗透着数学理念的搬家故事。

拿到书后我和小朋友先草草地翻看了一遍，这是一本无字书，里面的内容并不复杂，但是书的设计有些独特，第一遍看时有些云山雾罩，为什么设计了镂空的窗户？它有什么特别的作用吗？看来这本书并不是想象的那么简单，得仔细研究一下。

这本书的前后都有说明性的文字，“先把这本书从头到尾翻一遍。你觉得这会是一本什么样的书呢？……请多看几遍这本书。这样的话你很快就能弄清楚房子里到底有几个孩子。”这一部分的解说非常重要，既有提示性又有指导性，必须仔细地阅读，要不还真不知道这本书到底应该怎么玩。

深入领会了作者的创作意图之后，我和小朋友开始演绎和游戏。书中一共 10 个小人，先分成两组，穿裤子的是男孩，穿裙子的是女孩。给每个孩子都起了名字，女孩是三个字的，男孩是两个字的。准备工作做好后开始搬家的游戏，翻开第一页数一数梯形屋顶的房子里有 10 个人，翻过中间有镂空窗户的页，来到方形屋顶的房子里，里面一个人都没有。接下来梯形屋顶的房子里有 9 个人，而方形屋顶的房子里有 1 个人，有一个小孩搬了过去。以此类推，最后 10 个小孩都搬了过去。这里面主要涉及了 10 的分解，孩子们可以一边翻阅一边猜测，一边练习一边熟悉。

这本书的第二遍玩法就是从后往前翻，方形屋顶的房子里有 10 个人，他们开始一点一点地往梯形屋顶的房子搬，一页一页地翻过去，有人搬走有人进来，又是一个完整的 10 的分解。这样搬过来搬过去，反反复复，孩子们在游戏中会逐渐深化 10 的分合变化。

书中有镂空窗户的页介于梯形屋顶的房子和方形屋顶的房子中间，设计得非常巧妙，覆盖在梯形屋顶的房子上就是梯形屋顶房子的外部结构，覆盖在方形屋顶的房子上就是方形屋顶的外部结构。窗子是敞开着的，可以看到里面的东西，有时候是物品，有时候是人物，所以又演绎出这本书的第三种玩法，就是通过窗户猜测里面还剩几个人，比如，现在屋子里有 7 个人，而从外部窗户里只看到了 2 个人，那还剩下几个人，小朋友们可以动动脑筋算一算，这就是 10 以内的加减法了。

这本游戏绘本除了贯穿了数学的理念之外，还考验孩子们的观察力，10 个小孩服装发饰都不一样，屋中的物品也是吃穿住行什么都有，孩子们可以一边翻看一边探索，而且有的页码中还会有小小的陷阱，马马虎虎话很容易弄错。如第 39 页，有一个小孩儿正在洗澡，旁边挂着她的衣服和帽子，我和小朋友第一次看的时候误以为那是两个人，翻过来后发现数量对不上，结果又返回去才发现问题所在，看来认真和仔细很

我的一周

重要呦！

这本书非常适合正在学习10以内加减法的小朋友。“1和9手拉手，2和8笑哈哈，3和7做游戏，4和6捡豆豆、5和5跳支舞”，我家的小朋友一边背诵者老师上课教的凑十儿歌，一边玩着这本书，感觉还不错。当然，如果你的孩子被屋中的各种场景所吸引，完全不听从你的指引，那也没有关系，10个人本来就是快乐地大搬家，看看他们都搬了什么东西，看看这10个孩子都在屋子里干了什么事情，这也是很有趣的事情。翻看的次数多了，没准儿哪一天孩子们就会对数和量的概念有感觉了，就会真正体会数字的奇妙了。

92

由兔子数列引发的兔子事件

——《兔子的 12 个大麻烦》

13 世纪时意大利的数学家斐波那契提出了兔子数列问题，没想到这个著名的数学难题在 21 世纪的今天引发了一系列的兔子事件，成就了一本超级有趣的图画书——《兔子的 12 个大麻烦》，文：［英］埃米莉·格雷维特，译：代冬梅，二十一世纪出版社 2012 年出版。

我们先科普一下那个著名的数学命题——斐波那契数列。这个数列是以数学家斐波那契的名字命名的，又称黄金分割数列，因当时斐波那契以兔子繁殖为例子而引入，故又称为“兔子数列”。这个数列是这样的：1、1、2、3、5、8、13、21、34……这个数列从第 3 项开始，每一项都等于前两项之和，即：$F(0)=0$，$F(1)=1$，$F(n)=F(n-1)+F(n-2)$（$n>=2$，$n\in N^*$）在许多的学科领域，斐波纳契数列都有直接的应用。

尽管这本书的封底上明确地写着“这并不是（我重申，绝不是）一本关于数学的书，而是一本关于兔子……关于很多很多兔子的书！”但是书中处处都有斐波那契的影子。翻开书第一页在大大的黑板上提出的兔子试题，就是这个数列的问题。每一个月兔子的数量也是这个数列的数字：1 对、2 对、3 对、5 对、8 对……到第 12 月正好是 144 对。兔子们生活的地点叫“斐波那契试验田”，织毛衣选毛线要选“斐波那契”牌，如此

玉兔

等等，孩子们读完这本书一定会记住这个有些拗口的名字“斐波那契”。

但是这确确实实是一本关于兔子的书。书中以年历的形式，按月份记载了兔子们的生活：一月兔子的孤独问题，二月兔子的寒冷问题，三月兔子的育儿问题……这些问题涉猎面极为广泛，既有精神方面的，比如孤独呀、无聊呀等等，也有物质方面的比如寒冷呀、防涝呀、饥饿呀等等，另外还有生儿育女的惊喜和撑出来的肥胖问题等等，这里呈现的简直就是兔子的一个小社会。

本书在设计形式上充满了新奇创意。整本书的右侧中间部分有一个贯通全书的小圆孔儿，当你最初拿到这本书时会有些好奇，这到底是干什么的呢？全书是以月历的形式设计的，每一页有月份、有星期、有日子，上面还零零碎碎地有备忘提醒和随手涂鸦，这明明就是一个货真价实的月历本嘛，那个小圆孔的作用就可以理解了，可以安个图钉固定，也可以弄个绳子挂在墙上，就像真正可用的月历本一样。

每一个内页设计也很有趣：一月份的日历上粘贴了一封信，那是兔子因为孤独而发出的一封热情洋溢的邀请函；二月份因为寒冷问题设计了一个推广毛线的广告宣传单；三月份初次当父母的兔子们有了一个宝贝成长纪念册……另外还有粮食限购证、飞播报纸、烹调手册、健身操示意图，等等，这些鬼马的设计让我们不得不佩服作者的天马行空和奇思妙想。

最让我们意想不到的是本书的最后一页。在第十二月的时候，日历上冷冷清清，皑皑白雪覆盖了整个斐波那契试验田，连标志牌上都打着大大的叉子，难道那 144 对兔子都逃离试验田了？翻开最后一页，惊喜凸显，一个大大的立体开页扑面而来，288 只兔子呼地一下子蹦到了我们面前，这一窝兔子完全把我们镇住了。

除了设计上的匠心独运之外，本书还潜藏着许多的小心思和小幽默。你会看到那个水位刻度计上，除了正常的数字标识外，还配有专门针对兔子的刻度说明：爪子打湿了、尾巴进水了、肚子泡涨了、胡子打湿了、救命呀！当你跟随书中的节奏把它一点点的念出来时，孩子会惊叫连连。翻开那个胡萝卜烹调手册时你会发现里面的菜谱真是好玩又有趣，竟然有胡萝卜棒棒糖和搞怪的惊吓胡萝卜饭。只要你仔细寻找和认真观察会发现几乎每一页上都有让孩子欢悦的小细节。

这是一本让人拍案叫绝的书，格雷维特和一帮兔子不仅让我们了解了斐波那契，还让我们感知了社会生活的方方面面，那些兔子们遇到的问题何尝不是人类遇到的问题呢，小孩子阅读这本书感受到的是惊喜连连，而我们成人可以看得更远一些，比如关于气候和环境、关于生育和人口、关于肥胖和健康等等问题都可以进一步思考一下。

93

十万个为什么

——《胡椒生长在哪里？》

莫名其妙的问题，稀奇古怪的回答，一丝不苟的纠正，一本具有发散性思维的书蕴含了许多科普的知识。《胡椒生长在哪里？》，文：[德]布里吉特·拉布，图：马努埃拉·奥腾，译：王莹，江苏少年儿童出版社 2007 年出版。

胡椒生长在哪里？封面上一群小孩儿翻着小眼皮、歪着小脑袋、张着大嘴巴给出了一堆的答案，“在装胡椒的袋子里”“在胡椒点心房”“在辣的地方”“在很远的地方”“在胡椒种植园”。哦，这些回答都有点不靠谱呀，翻到书的扉页，一个戴着眼镜老师模样的人给出了正确答案，“胡椒生长在印度、印度尼西亚和巴西”。这本书就是以这样的方式，给了我们一个出其不意的开始。

翻开书才发现，里面还有那么多的“为什么”呢，“为什么熊要冬眠呢？”“为什么蜗牛身上有个小房子？”“为什么海水是咸的？”“为什么红鹳是粉红色的？”“为什么绵羊的毛是卷曲的？”“为什么鲸鱼不是鱼？”面对这么多的“为什么”，回答也是千奇百怪。书中先给出一个“想当然”的回答，然后翻过来，有一个义正辞严的纠正“不对！”，最后再给出一个科学的解释。当你以为整本书都会坚持这样的一个叙事

红狐狸

节奏时，最后一个问题“为什么秋天候鸟向南方迁徙时不会迷路呢？”却突然改变了画风，竟然直接给了一个正确的答案“因为他们尖尖的长嘴上有个指南针”。这样有点小意外的安排真的是太有趣了。

小朋友在这本书的图画里发现了很多有趣的细节：大熊戴上了围嘴，蜗牛支起了帐篷，小鸟灼伤了嘴巴，绵羊臭美照着镜子，鲸鱼钻进了鱼缸。更重要的是这本书真的是普及了一些科学知识，小朋友们会很容易记住冬眠之后的大熊真的很瘦了，蜗牛的小房子可以保护它不受天敌的伤害和阳光的暴晒，而红鹳原来是因为吃了体内含有红色素的小螃蟹才变成粉红色的……

小孩子在成长的过程中，会有一个阶段特别爱问为什么，他们的小脑袋瓜里几乎装着十万个为什么，对什么都好奇，对什么都想问个所以然，我们成人应该怎么去应对呢，这本书中问答式的行文方式给了我们一个很好的提示，我们可以先让孩子自己回答，或者我们自己先给出一个不靠谱的答案，然后再和孩子一起去探寻结果。这种迂回一下的方式，不仅会让小孩子感觉新奇有趣，还会鼓励他们带着问题去探索，这对培养他们勇于提问、积极思考并大胆探索的科学精神是非常有益处的。

一本书以抑扬顿挫的方式向孩子们普及了科学知识，一本书以独特的行文方式开拓了孩子们的思维领域，值得点赞！

94

异想天开来科普

——妙想科学系列丛书

世界上什么最大？宇宙中什么最小？谁的速度最快？谁的年纪最大？巨数之谜是什么？小朋友你想了解这些问题的答案吗？让我们一起走进妙想科学系列丛书，文：［美］罗伯特·E. 韦尔斯，译：于姝，贵州人民出版社 2011 年出版。

这套书每一本谈论的话题都是很重大的学科命题，关于物质，关于宇宙，关于水的循环，关于巨数古戈尔，关于时间，等等，但是怎样让五六岁的孩童理解和感知这个世界，让他们了解那些基本的常识呢？这套书巧妙地采用了悬疑设置、趣味引入的方法。每本书光看书名就已经很引人瞩目了，《蓝鲸是最大的吗？》《什么比猎豹的速度更快？》《怎样撬起一头狮子？》《还有什么比鼩鼱更小吗？》《还有什么比象龟更老？》《恐龙喝的水和今天一样吗？》《怎样知道现在几点了？》《你能数到 10 的 100 次方吗？》，疑问语气的设置，有趣话题的吸引，光封面上的这几个字都能激发孩子们探索的欲望和热情。谈论巨大无比的宇宙从一头蓝鲸说起，谈论物质的构成从一只小鼩鼱说起，谈论数目问题从一只猴子顶香蕉开始，每一个话题都以小孩子们容易接受的事物（很多时候都是动物）作为切入点，孩子们会津津有味地一探究竟。

这套书的视角非常独特，每一本都关注一个点，然后延展开来，直到穷尽。这种方法就像有一根绳子一直牵引着你，让你一直往下捯捯捯，直到发现终点。比如谈论世界上什么最大时，从蓝鲸开始，然后珠穆朗玛峰→地球→太阳→心大星→银河系→宇宙，一点点的引入越来越大的事物；比如谈论世界上什么速度最快时，从人的跑步开始，然后依次列举速度快的事物，鸵鸟→猎豹→游隼→活塞式飞机→喷气式飞机→火箭→流星体→光速。这种顺藤摸瓜的方法很容易让小孩子印象深刻，而且合上书的那一刻，孩子们很可能掰着手指头回忆什么最小，什么最大，什么最老。

世界很大，怎样把它解释得既形象又生动，这套书中多处用到了假设、类比的方法。“我们假设有这样一个袋子，里面装满着 100 个仿制地球，每一个都和真正的地球一样大……”“假设我们把太阳变成一个橘子，但是大小不变……”“即使 100 座珠穆朗玛峰一座接一座垒在一起，也不过是‘地球爷爷’脸上的一根‘胡须’。”“如果把十万块棉花糖放进一百个篮子里面就有一千款棉花糖”如此等等，以小朋友们熟知的事物作为类比对象，孩子很快就会心领神会。

绘画中蕴含情节，图画中讲述故事是这套妙想科学丛书的一大特点。科普的书籍由于涉及某一领域的专业化知识很容易陷入艰深和晦涩之中，而把那些抽象的概念和专业化的术语具象化，融入一定的故事情景之中，趣味性和可读性就会一下子凸显出来。

这套书中绘画的故事性都非常强。比如《如何撬起一头狮子？》中，男孩和女孩一直在卖力地称狮子、拖熊猫、给狒狒们送香蕉，图画中有很多幽默的情节和有趣的画面，小孩子们在嘻嘻哈哈中就掌握了杠杆、轮轴、滑轮等机械的原理，这岂不是寓教于乐的好方法？

这套书是 16 开的小开本，书中图画的版面设计错落有致，既有单页的整体图画，又有跨页的大幅图片，而且几乎每一本书中都会有竖版的巨幅画面，阅读时需要把书翻转过来，视觉效果非常震撼。很贴心的是在每本书的最后都安排了文末小结，既是对这本书的总结和回顾，又

狮子

是知识的拓展和延伸，这会加强对书中所谈论问题的系统认识。

奇思妙想学科学，异想天开来科普。科普的书会让人思路清晰、视野开阔，扩大对世界的认知和理解，更何况像妙想科学这样一套融知识性和科学性、趣味性与可读性于一体的优秀科普绘本呢。如果一个五六岁的孩子突然要和你谈谈宇宙的问题，你千万不要奇怪呦，如果某一天小孩子嘴里突然蹦出质子、中子、电子、夸克等专业术语，你千万不要惊奇呦，因为他们读过妙想科学这套丛书。

95

疯狂的校车，神奇的世界

——《神奇校车》

一辆疯狂的老校车，它能变大变小，它能上天入地。一位古怪的卷毛老师，她热爱科学，她喜欢探险。一群顽皮的学生，他们古灵精怪、性格迥异。坐上《神奇校车》，开启神奇世界，文：［美］乔安娜·柯尔，图：［美］布鲁斯·迪根，译：蒲蒲兰童书馆，贵州人民出版社 2011 年出版。

《神奇校车》这套书有很多的版本，图画书版、桥梁书版、动画版、人文版、阅读版等，考虑到小朋友的年龄特点和认知能力，我们从图画书版开始，这个版本一共有 11 本。每一本都是一个神奇的冒险故事，海底探险、穿越飓风、追寻恐龙，等等。仔细探究会发现，每一本书都有一个明确的主题，比如《水的故事》中主要讲述城市中的水是怎么来的；《迷失在太阳系》探讨的是太阳系是如何运转的；《在人体中游览》则说明的是身体如何把食物转换成能量；《气候大挑战》在解释地球是如何变暖的，如此等等。当你把这些故事的主旨一一提炼出来后会发现书中谈论的问题都是某一领域的根本性问题，这样的选题不仅仅是对孩童，对成人来说也具有科普的价值。

那么怎么把繁杂的科学话题解释得清清楚楚呢？尤其是当阅读对象

是那些懵懵懂懂的小孩子时。作者以神奇的故事为媒介，以亲身游历的方式带领孩子们进行科学探险。就像《海底探险》这本书中卷毛老师所说的“认识海洋的最好方法就是近距离地观察它”。整套书中基本上都贯穿了这样的一个理念：实地观察、亲身实践。要了解奇妙的蜂巢，那就化身为一只蜜蜂，走进蜂巢去看看。要了解地球的知识，那就钻进地球内部，看一看它的结构。这种虚构的故事尽管疯狂，但是对于小孩子们来说更容易激发他们的求知欲和好奇心，这也是那么多孩子痴迷这辆神奇校车的原因。

精准的概念、专业的术语、复杂的原理，科普的书很容易陷入艰深和晦涩之中。而在这套神奇校车中，著者是化繁为简的高手，书中极少出现专业术语，无论怎样艰深的科学话题都用最简单的方式表达出来。例如《在人体中游览》这本书中类比和比喻的方式随处可见。“消化的本来意思就是分解。食物被消化，也就是被分解得越来越小”“食物是不会直接掉进胃里的，而是靠食道的肌肉挤压、推动进入胃里，就像从牙膏管挤牙膏一样”“心腔的内壁收缩，把血液挤出去。这就像我们把水从一个塑料袋中挤出去一样”“循环的意思是转圈。血液循环就是血液在人体内转圈”，如此等等，这样通俗易懂的描述方式贯穿于整套书之中，四五岁的小孩子理解起来都不会觉得困难。

这套书每一页的图画都非常丰富，人物、场景很生动，除了主旨部分的文字之外，还有孩子们的小心思、悄悄话等都用小框的文字标示了出来，增强了故事的趣味性。最需要注意的是那些具有注释作用的框格，里面蕴藏着非常丰富的科普知识，文图搭配，把那些科学小常识解释得清清楚楚。另外在书中还蕴藏着许多科学小实验。比如在《穿越飓风》这本书中就涉及了“观察热空气上升”“人工降雨”“制作风向标”“用瓶子制造旋涡”等实验方法，里面有步骤，有图解，大人可以和孩子一起亲身实践，体会科学实验带来的神奇效果。

这套书小朋友一直非常痴迷，近一个月以来一直热情不减。因为故事的有趣和内容的丰富，每一本我们亲子阅读下来都将近 40 分钟，尽管会读得口干舌燥，但是和孩子一起在科学中探索也是很有趣的事情，尤其是当两个人一起共同发现那些幽默的细节时，咯咯的笑声会满屋飘荡。而除了体会读书的乐趣之外，感知这套书的最好方式就是遵循书中的精神，亲身地去实践和观察。例如你可以拿着那本《迷失在太阳系》，和孩子一起走进天文馆，去看一看宇宙剧场；你可以带着那本《追寻恐龙》去一趟自然博物馆，观察一下那些恐龙的骨骼。书本和实物一对照，豁然贯通、印象深刻。

下周一幼儿园举行升旗仪式，小朋友要站在国旗下讲话，老师让她介绍一下读书的事情，我建议她可以介绍自己喜欢的书籍，小朋友毫不犹豫地选择了这套《神奇校车》，看着她流利地介绍书中的故事，深感她对这套书的喜欢。“读书让我见识了神奇的世界”，用这次演讲的主旨语句来形容这套《神奇校车》应该是很恰当和贴切的。

96

情感教育绘本

——“我的感觉”系列

生活中每个人都会受到各种各样情绪的困扰，如生气、难过、妒忌、孤独等等。其实小孩子也不例外，但是那些小小孩儿很多时候不知道该怎样表达自己的情绪，诉说自己的状态。一套儿童情感教育绘本，为我们讲述了每种情绪的来由、感觉以及处理方法，帮助小孩子了解和管理自己的情绪。“我的感觉”系列，文：［美］康娜莉娅·莫得·斯贝蔓，绘：［美］凯茜·帕金森，译：黄雪妍，电子工业出版社 2016 年出版。

这套书汇集了经常发生在孩子身上的七种情绪：害怕、难过、认可自己、嫉妒、生气、关心别人、想念。每本书都以可爱的小动物展开故事情节，我们能看到害怕的小熊、难过的小天竺鼠、哭泣的小猫咪、生气的小兔子等。每本书都会列举各种情绪出现的缘由，比如在《我好害怕》中：“我好害怕，在突然冒出一个巨大声响的时候，在我做噩梦的时候，或是在妈妈将要离开的时候。还有，当我觉得自己可能会受伤时，我好害怕……”简单的语言配上可爱的图画，再加上贴近生活的情节，很容易拉近和小孩子的距离。

这套书值得称道的地方是把孩子们经常遇到的那些情绪用语言表述了出来。“害怕是一种冷冷的、紧紧的感觉。”“难过是一种灰灰的、累累的感觉。”“嫉妒是一种刺刺的、热热的、讨厌的感觉。”“想念是一种重重的、有点疼痛的感觉。”“怒气是一种强烈的、热血沸腾的感觉。”这些对情绪的描述既形象又直接，再配上小动物的动作、表情以及状态，小朋友们很容易理解和接受。

这套书最值得赞美的地方是告诉了孩子们在遇到负面情绪时应该怎么做。比如在《我想念你》这本书里，“想念你时，我可以抱着我的小毛毯或是小布偶，我可以找一个舒服的地方，看我最喜欢的书。我也可以画画，到时候给你看”；在《我好生气》中提到“我可以离开那个让我生气的人，同时用力吸气，再大口呼出来，努力把怒气都吐掉。我可以跑步、骑车，或者做些我真正喜欢的事，让我的怒火平息下来”。基本上每一本书都从孩子的角度出发，提供了处理情绪的方法，具有很强的可实践性和可操作性。孩子们读了这样的书，尽管并不可能立竿见影地实践这些方法，但是在他们的小脑袋瓜里至少潜移默化地了解和感知到这些方法的存在。

晚上熄了灯，小朋友躺在床上翻来覆去地睡不着，后来我们索性谈论了一下这套书，我问她：“你什么时候会害怕，什么时候会难过，什么时候会生气呀？”她的回答让我有些汗颜：“我做噩梦的时候会害怕，你批评我的时候我会难过，你生气的时候我会更生气。”看来这套书不仅仅是给孩子看的，我们大人更应该反省自身、抚平情绪，正确地把握对待孩子的方式。那句“父母情绪平和，是对孩子最伟大的教育”还是很有道理的。

这套书描摹了各种情绪，阐述了各种状态，提供了解决的办法。这套书用可爱的形象、生动的画面揭示孩童隐秘的内心世界。这套书用简单的文字、温暖的语言抚慰那些幼小的心灵。这套书值得你静下心来和孩子一起亲子共读。

97

诗意的科普绘本

——《蝴蝶的眼睛：关于草地的 16 个谜题》

一本书用 16 首诗出了 16 个谜题让你猜猜猜，一本书用清丽的语言和优美的图画迷惑了小朋友的芳心，一本书用艺术的浪漫和科学的严谨征服了我这个大朋友。《蝴蝶的眼睛：关于草地的 16 个谜题》，文：[美] 乔伊斯 · 西德曼，绘：[美] 贝斯 · 克罗姆斯，译：范晓星，新星出版社 2014 年出版。

“在黄昏，在深夜，在微曦中，在日出前弥漫叶香的空气里，神秘、安静、晶莹，你看你看：一粒粒小果爬满了夜的藤蔓……”全书中到处都是这样唯美浪漫的诗句，作者用诗做谜面，然后俏皮地提问“它是什么”。每一个大开页中都左右对称两首诗，翻过来之后既有答案，又有科学的解读。全书介绍了 8 组草地上的事物：露水和草蜢、兔子和狐狸、吹沫虫与木质部和韧皮部、乳草和蝴蝶、草地上的所有居民、蛇和蟾蜍、金翅雀和鹰、鹿和树木。原来草地藏着那么多的秘密，带给我们那么多的惊喜。

书中 16 首诗运用了许多的修辞手法，比喻、回环、反复比比皆是，这给本书增添了许多华丽的色彩。而且书中的诗歌不仅语言优美，在文字排版上也很有特色，例如在《蛇和蟾蜍》那组中，“蛇”的谜面设计成了蜿蜒的蛇形，“蟾蜍”则用文字的大小、颜色的深浅排成了一个侧面的蟾蜍形，这两页小朋友最为喜欢，看着把“撒完尿的小坑坑”排成了一个小圆圈，总是嘿嘿地笑个不停。

在这些诗中《写给太阳的信》和《写给雨的信》这两首比较特别，这是草地上的居民们给大自然写的信，居民们表达了他们的愿望，他们既需要阳光的温暖也需要雨水的滋润，这样草地上的生态系统才能够保持平衡。这两首诗触动了小朋友写信的热情（尽管她只会歪歪扭扭地写自己的名字），她嚷嚷着也要给太阳和雨写信，还要给天上的云朵写信。

其实书中科普的内容并不简单，里面涉及了许多的专业术语，比如“外骨骼”“木质部和韧皮部”“色谱”等，还好书的最后附有个词汇表，对本书涉及的术语有专门的说明，虽然这对于家里的小朋友来说有点深奥，但是这也扩展了我们的知识领域，连我自己都跟着长了见识：原来“木质部和韧皮部”就像植物的血管，有输送营养、支撑植物体的作用；原来蛇蜕皮的时候是看不见东西的；原来蝴蝶的眼睛能看到的色谱最宽，能看到紫外线。

书中的图画可圈可点，刮板画的形式非常的特别，纯黑的底色配上刮痕清晰的图画，深沉绚烂，我们能清晰地看到那些郁郁葱葱的草地、脉络分明的树木、绒毛纤细的动物，既有逼真的写实，又有自由的写意，很是唯美。

科普的书籍带给了我们诗意的灵动，诗情画意中又蕴含着专业的知识，难得有这样诗意的科普绘本，值得收藏！

98

多姿多彩的地球

——《地球的表情好生动》

小朋友们，你了解我们所居住的地球吗？你知道地球的脸是什么样子的吗？你知道谁是地球的防护服吗？让我们跟随书籍一起认识和了解我们所居住的这个蓝色星球吧！《地球的表情好生动》，文：［韩］金东光，图：［韩］李亨镇，译：刘茜，外文出版社 2015 年出版。

“沐浴着来自遥远太阳的光辉，是谁笑得这么开心？啊，原来是我们所居住的地球呀！”本书一开篇就采用了拟人的手法，把我们的地球比拟成了披着蓝色衣服的孩童。贯穿全书还有很多这样形象化的描述，比如“海洋是蓝色星球的脸”“大气层就像是保护地球生物的一把巨大的透明伞”“水是伟大的雕刻家”，等等。循着这样一本拟人化的书我们开始了地球的科普之旅。

本书介绍了关于地球方方面面的知识。从给地球提供能量的太阳说起，到海洋的形成、大气的作用、风的种类、水的循环、土壤的形成、火山的喷发、地震的产生、沧海桑田的变化等等都有详细的描述和论说，每一部分都浅显易懂、简单明了，而且在文字排版上排成了一个短句一行的形式，这种像诗歌一样的排列模式，会让你在阅读时，语气自然而然地舒缓，有一种娓娓道来的感觉。

另外在部分开页的左下方或者右下角有方框圈起来的区域类似小贴士一样，这里面介绍了一些科普的小常识，比如恒星与行星、地球和太阳的距离、大气层的构成、臭氧和臭氧空洞、沙漠的种类、生物的分类，等等，有趣的是为这些严谨的科学知识配的图画都是一些类似于涂鸦的儿童画，这一下子就会拉近与小读者之间的距离。比如那个食物链金字塔，画了一个并不算整齐的三角形，上面信手画了草、兔子、老鼠、狼等，小朋友最喜欢这个图了，每次念的时候都会指指点点。而且有的配图还十分幽默，比如在介绍消失的土壤时，会在一堆土旁边配上一个标签“生产日期，数万年前”。

这本书的最后还附有一部分延伸阅读的内容，介绍了为什么会产生地震、空气的构成、人类活动对地球的影响等等，字数比较多，适合有一定识字量的大朋友阅读。

这本书是我们长途旅行中带的唯一一本书，因为它是简装本，比较轻薄，方便携带，更重要的是它的内容非常丰富，可以反复阅读。一路上我们读了许多遍，地球的多姿多彩、生物的多样共生、沧海桑田的变化等等都深深地吸引了小朋友。带着小孩子见山识水，认识自然的神奇与伟大再配上这样一本认知地球的书，让我们的旅行更加有意义。读书和旅行一起走在路上。

99

情景认知绘本

——《交通工具小百科》

这个月幼儿园的主题是“海陆空出动”，主要是围绕各种交通工具开展各种形式的活动，绘画呀，折纸呀，手工制作呀，安排得丰富多彩。小朋友回家后总会冒出这样的话“妈妈，有的车既能在地上开也能在水上开”“妈妈，我特别想坐一次飞机”“妈妈，古代竟然有牛车”。配合小朋友的兴奋点，借来一本百科知识的书，情景认知绘本《交通工具小百科》，文：［德］苏珊妮·吉恩豪斯，图：［德］沃尔夫岗·梅茨格，译：顾白，连环画出版社 2014 年出版。

作为百科知识的书籍，这本书并不单纯是枯燥的各种知识点，而是结合了具体的场景和情景展开的，每个场景都非常热闹，内容也非常丰富，比如开篇第一页就给了我们一个大场面：繁忙的高速公路上，各种各样的车辆川流不息，旁边有个机场，飞机在起起落落，远处还有一个体育馆，场面非常的逼真和写实，这样的大场面、大场景在书中有七八个，忙碌的车站、开阔的农场、热闹的加油站等，都是在比较大的开页中展开的。画面中的每个交通工具都有文字标注，清晰明了，我们能一目了然地了解这个是什么车，那个叫什么名字。

本书不愧为百科全书，内容非常的细致，像挖掘机、拖拉机都有详细的功能介绍，这个是挖掘铲，那个是发动机，这个是干什么的，那个有什么作用，非常的清晰详细，就像说明书一样。书中的介绍还非常的全面，光紧急救援车就列了 22 种，消防云梯车、紧急升降平台车、消防开路车、消防水箱车、警用越野车和充气船、警用快艇，等等，不仅仅是小朋友增长了知识，连我这个大朋友都长了见识。当然，如果太小的孩子读这本书，会被那些密密麻麻的文字困扰，不过也没关系，可以跳过那些详细的说明，直接告诉孩子这是什么车就可以了，如果孩子真的感兴趣再深入阅读。

这本书在注重知识性的同时也考虑到了小孩子们的接受程度，书中穿插安排了一些和孩子们的互动，比如画出各种各样的车辙让孩子们寻找这些都是哪些车的痕迹，列举了一堆儿零件让孩子们安装在坏了的汽车上，让小朋友找找哪个人该开那辆车。这些页面的安排增加了书籍的互动性，也使这样一本百科类的书籍变得生动鲜活起来。这本书对那些爱车的男孩子来说，应该是大爱，它用又多又全的方式满足了小车迷们对各种车的好奇和幻想。

这样一本书别看只有薄薄的 34 页，里面涉及的内容以及枝枝蔓蔓的细节有太多的看点，我和小朋友每次读完都不下半个小时，累得我腰酸背痛、口干舌燥。不过每次我抱着水杯斜靠在床头看着熟睡的小儿时，总是鼓励自己，阅读是有意义的，坚持是有意义的，就像一颗小小的种子，你得给它充足的阳光，还得不断地浇水，它才可能发芽、开花、结果吧，况且这其中还有养育的乐趣呢！

100

放眼看世界

——小小旅行家丛书

从纽约到巴黎，从东京到罗马，从苏格兰到斯德哥尔摩，世界这么大，真想去看看。翻开一套书，打开一扇门，生活在世界各地的孩子向我们介绍他们美丽的家乡，每一本书都是一封热情的邀请函，欢迎你去参观和游览，原来这个世界就在你手指翻阅的咫尺之间。图文并茂的人文地理图画书——小小旅行家丛书，文：［法］斯泰法娜·于扎尔等，图：［法］克莱尔·勒格朗等，译：黄小涂等，少年儿童出版社 2013 年版。

《嗨，巴黎》《嗨，苏格兰》《嗨，纽约》《嗨，伦敦》《嗨，德里》《嗨，斯德哥尔摩》《嗨，罗马》《嗨，东京》《嗨，悉尼》，每一本书的书名都是一个热情的问候，简单明了中透露着亲切和真诚。“嗨，你们好！我叫某某某，来自哪哪哪”，打开书后，每一本书的书名页上都会出现一个土生土长的当地小孩儿，简单的自我介绍后，带领我们认识和了解他们所居住和生活的城市。

这套书不同于一般的城市概览和介绍，它是一套以孩子为本位的书籍，每一本都是从孩子的视角出发，以孩子的口吻进行讲述，语言轻快又富有童趣。孩子们会满腔自豪地介绍自己城市的特色建筑。比如住在纽约的莉莉，会认真地告诉你“来到纽约，一定要看帝国大厦、自由女神像和中央公园”。而住在东京的美弥子则会首先指给你看那座红白相间的东京塔。当然小孩子们的关注点总是离不开玩耍和游乐。因此这套书中几乎每一本都会出现公园，巴黎的卢森堡公园、罗马的庞菲丽公园、伦敦的海德公园、德里的罗迪公园、东京的上野动物园，等等，这些情节的安排看似有些雷同，而实际上反映的是整套书主旨思想的统一，让小孩子来当导游自然要以他们熟悉的生活为切入点。当然，每个城市各具特色的民俗风情、饮食习惯、特色节日等也都渗透在孩子们的描述之中，阅读这套书的小朋友们一定会非常新奇，原来世界各地的小朋友过着这么不一样的生活。

这套书是人文地理图画书，里面的图画拙朴又生动，很容易赢得小孩子的芳心。书中基本上都是大开页的整幅画面，有很多鸟瞰的视角，非常适合表现整个城市的面貌，就像从空中俯瞰整座城市一样。整套书的绘者并不是一个人，但整体的绘画风格还是比较一致的，从封面的构图和色调的安排就可以窥见一斑。值得一提的是在个别的书中安排了一些绘者的小心思和小互动。比如在《嗨，伦敦》中，绘者直接把当地的小导游查理挂在了大本钟上，旁边还配上了让读者根据钟面说出时间的文字，读者在阅读时一下子就感受到了书中的幽默气息。

在阅读这套书时，一定不要漏掉每本书最后的部分，它像一个简洁明了的附录，里面有方方面面的小知识，对认知和扩展书中介绍的文化非常有帮助。比如在《嗨，德里》这本书的最后，不仅介绍了印度的榕树和茉莉花、印度的美食咖喱和烤饼、印度的服饰纱丽，还专门介绍了印度的政治家、哲学家甘地。这种把历史情怀融入书中的做法使这套书更具人文气息。

这套书中的主人公都是七八岁的小孩子，他们对自己生活的世界有一定的认识，也很渴望交到世界各地的朋友。因此这套书也最适合幼儿园大班和小学低年级的孩子，同龄的孩子作为引导最容易引起共鸣。而这套书除了开阔视野、增长知识外，最重要的是给孩子们一种开放的胸怀，这个世界千差万别，这个世界精彩纷呈，每个人都可以当一个小小的旅行家。

后记

孩子，我愿意和你一起成长

畅畅：

我的宝贝儿，你好！又要过六一儿童节了，这让我想起一年前给你写的那封信《孩子，谢谢你带我找到初心》，当时我许下了一个小小的心愿，每年的六一儿童节都要给你写一封信，还偷偷地在自己的博客里开辟了一个小栏目“写给未来的你”。时间过得真快，倏忽之间又是一年，那条买票的测量线以及那些塞不进脚的鞋子和穿着太短的裙子都在揭示着时间在你身上留下的印记。当看见你们这些小孩子无忧无虑地自由玩耍和尽情奔跑时，就如同看见一群快乐的小马驹儿在草地上尽情地撒欢儿，就如同看见一排稚嫩的小树在春日里昂扬地生长。成长，伴随着那指尖流过的日子，一点点地沁入我们的生命之中。

亲子阅读是我们一直坚持做的一件事情。当我们依偎在一起，耳鬓厮磨地共读一本书时，我们有了更多的共同语言和亲密话题，也有了很多属于我们两个人的秘密。这一年，你在读书方面有了很大的变化，你越来越倾向于自主阅读，也越来越有自己的主见和看法。你会煞有介事地对某本书评头论足，“这本书没意思”“那本书还行”。你甚至会说：“妈妈，这本书也太简单了吧！”当你独自沉迷于一本书中，对周遭的世界都置若罔闻时，我总是会偷偷地多看你两眼，心中不免感叹：那个稚嫩的小孩儿，已经在慢慢地挣脱我的臂弯，走在自己喜欢的小路上，而我在完成了引领和启发之后，也应该学会悄悄地退场了。

宝贝儿，妈妈是个典型的“书呆子”妈妈，遇到问题喜欢从书中寻找答案，因此伴随着你成长路上的磕磕绊绊，我也读了一些育儿书籍。有一段时间你对自然特别感兴趣，总是瞪着大眼睛问这问那，为了满足你的好奇心，我们阅读了很多的科普绘本，妈妈还仔仔细细地读了那本“自然教育的圣经”《与孩子共享自然》；当你掰着手指头困惑地算不清加减法时，我搜罗了一大堆书，找到了那本《妈妈教的数学》，认真地做了读书笔记。另外还读了《第56号教室的奇迹》《童年的秘密》《爸爸军团》《窗边的小豆豆》，等等，这些书籍启迪心灵，增长智慧，尤其是对妈妈这样在育儿路上走得跌跌撞撞的新手来说，更具有指导意义。但是当我抛开书中所有的真知灼见和细节方法，静下心来仔细思考时，发现其实这些书最终都指向了一点：成长是一个循序渐进的过程，有其自然的规律，一切都不必操之过急。人生的路还长，我们可以一步一步地慢慢来。

除了读书，这一年我们还一起去了很多地方。夏天时我们“畅行千里”，5个省，11个城市，走了近5000公里的路程。冬天时我们“白鹭南飞”去了厦门。中间零零散散去参观了海洋馆、博物馆、天文馆和图画展。一起旅行，一起见天识地，让我们拥有了许多美好的回忆。其实宝贝儿，妈妈带着你游走四方，并没有太强的目的性，也并没有要求一定要让你记住什么或者学到什么，我只是单纯地想给你一种生活的状态：这个世界很大，大到任何的困难和挫折在它面前都会微不足道，这个世界很精彩，我们应该有足够的勇气和胸怀去欣赏和体味。

孩子，伴随着你成长的点点滴滴，妈妈也收获了很多，在人生的路上我们最终都要走向心智成熟和自我圆满，妈妈愿意和你一起终身学习、共同成长，让我们彼此共勉！

宝贝儿，节日快乐！

妈妈

2018年5月20日凌晨

还会为进入梦乡的他撑开一把雨伞。整本书中反复出现“不仅……还会……”这样的语句形式，这种递进式的话语结构让本书的语言更加的婉转和悠扬，当你轻声细语地念给孩子听时，你会感受到一种被温暖包围的氤氲氛围。

这个诗一样的故事有着梦一般的画面，那些网状交织的线条，那些深深浅浅的光影，那些广角变形的空间营造出了朦胧梦幻的世界，梦的守护者就像一个有魔法的催眠师，他飞入我们的房间，悉心地守护着每一个人。

这个亦真亦幻的故事里潜藏着许多孩子们喜欢的小细节。小朋友发现小图比亚斯的床下有辆脱轨的玩具小火车，伸着舌头舔着嘴巴的格斯弗老奶奶是个嘴馋的老太太，小康斯坦兹房间的飞蛾会闪闪发光，而数学课上的胖男孩儿则把书扣在头上呼呼大睡。当梦的守护者困倦地拉低帽檐坐在椅子上睡着时，那些他守护了的人也在守护着他，我和宝贝儿一起寻找哪个是小图比亚斯，哪个是格斯弗老奶奶，哪个是上课睡觉的男孩儿……

本书就像有人在为我们演奏小夜曲一样，琴声悠扬如泣如诉，浅吟低唱如诗如歌。夜色渐浓，小朋友沉沉地入睡，我坐在床边，透过温暖的灯光，再一次翻看这本书，深深地喜欢上了“守护”这个词，默默地坚守、悉心地呵护，这是一种爱的惦念，是一种隐忍的情怀。这个世界上每个人都会有一个梦的守护者，他让你平静如水，他让你甜蜜入梦，他守护着你的心，守护着你的梦。当我歪过头凝视酣睡的小儿时，不禁畅想，宝贝儿，当你年幼时妈妈守护在你的身边，而在渐行渐远的将来，谁又会是你的守护者呢？你又会守护谁呢？